一歩すすんだ
中国語文法

荒川清秀 著

大修館書店

まえがき

　一昔前とは違い，中国語の辞書も参考書も多種多彩になり，選ぶにも迷う時代になってきました。たしかに入門段階での参考書は量的にも少なくありませんし，質的にもいいものが出ています。しかし，その段階からつぎへどう進むべきか迷いあぐねている「さまよえる中級学習者」はかなりの数にのぼるとみられています。本書では，そうした人たちのために，筆者の体験に基づき，こうしたところにポイントを置いて勉強してはどうかというコツ（"窍门"）を書いてみました。別の言い方をすれば，一般のテキストの文法解説，入門文法書ではちょっとものたりない，もっと深く中国語の本質にふれてみたいと考えている人に読んでいただこうと思って本書を書いた次第です。

　1章の「中国語の動詞」は，"倒（茶）"のような中国語の動詞の意味を単に「（お茶を）いれる」のように対訳語によって理解するのではなく，"倒垃圾"（ゴミを出す）等との関係で共通性をつかむことの重要性を強調しました。また「夢をみる」「鍵をつくる」といった，日本語からの類推だけでは理解しにくい「動詞と目的語の組み合わせ」をたくさん集めてみました。

　2章の「動詞とその文型」は，いわゆる動詞のとる文型，構文を扱ったもので，中国でよく耳にする"欢迎光临"はどういう文型なのか等を問題にしていますし，兼語式のなかでは，"让"のような使役の構文が命令の間接化（〜するようにいう）を担っていることにもふれました。これは筆者が長年主張してきたことですが，これまで中国語教育の世界ではあまりとりあげられることがなかったものです。また，日本語で「〜に〜する」というのは，中国語では二重目的語の構文で表す場合と前置詞による場合があります。たとえば，同じ「言う」でも"告诉"は「"告诉"＋人」になりますが，"说"では「"跟"＋人＋"说"」になります。こういったことは，一般の文法書ではまったく別の箇所で論じられているものですが，本書ではこれを同じ箇所で扱いました。日本人にとって

は，いっしょに論じた方がわかりやすいと考えたからです。

　補語は中国語では非常に重要なもので，3章「動詞と結果補語」と4章「移動動詞・方向補語」の二つの章でとりあげました。中国語の動詞は動作そのものに関心があるけれど,結果にはあまり関心がないと言われます。たとえば,「覚える」の"記"は,「覚えた」と言うときには単に"了"をつけるだけではだめで,「とどめる」の意を表す結果補語をつけて"記住了"と言わなくてはなりません。また，"找"(さがす)の結果は"找到"ですが，"考"(受ける)の結果は"考上"であるというように,動詞によって結果を表す補語が違っていたりします。また，"吃好了"と"吃得好"の違いはどうかといったことにもふれています。方向補語では，どれとどれが有機的な関係をなしているかに特に重点をおいて説明しました。たとえば,「付着」の"上"と"上来"は直接の関係がないとか，「接近」の"上来"と"上去"はペアをなしているとかです。中国語の学習を一歩すすめるためにはとりわけ補語の学習に力をいれてほしいというのが筆者の願いです。

　5章「動詞の『時』(テンス)と『すがた』(アスペクト)」では，"了"や"着"等を扱いました。"了"は中国語文法の中では難物中の難物といわれるものですが，これを「実現」の"了$_1$"と「変化」の"了$_2$"に分け,この分け方が多くの場合に説得的であることを具体例によって示しました。また，"不去了"と"没去"の区別がはっきりしない方,"想回家"と"想回家了"の違いが説明できない方はぜひここをよく読んでください。"着"は日本語では「～している」となりますが，"在"と違って,話しことばでは,結びつく動詞にも場面にも制限があります。そうしたことをここでは問題にしました。

　6章「動作と時間」は動作を表す語と時間を表す語の語順をまず扱いました。「8時に寝る」と「8時間寝る」の違いは初級をしっかりやっていればわかるでしょうが,では「8時まで寝る」となるとどうでしょう。また,「一日働く」は"工作一天"ですが,「まる一日働かない」はどういうかとなるとすぐに答えは出てこないのではないでしょうか。また，"开始""当初"とかいった時間詞と呼ばれる語をまとめておきました。こうした語も意識的に勉強しないと覚えられないものです。

　7章「文における主体的な要素――助動詞」では，中国語助動詞のいくつか

の意味・用法を，動詞や副詞との関係を含め，多くの例とともに提示し，助動詞の複合使用，可能補語との関係にもふれました。

　中国語の力を高めるには，単文だけでなく，文と文を重ねたり，つないでいく練習をしないといけません。8章「中国語における文の接続（複文）」では，接続詞によらない文の接続を最初にあげ，つぎに，常用される接続詞，接続副詞を多くの用例とともに詳しく説明しました。「仮定」では，"要是～就～"だけでなく，"要是～会～"などの呼応もあることを問題にしました。類義的な接続詞の違いについてもふれています。

　以上のように，本書はオーソドックスな文法書とは違い，筆者が考える中国語のポイントを中心に，一歩深めて書いたものです。ある程度基礎のある方ならどこから読んでいただいてもけっこうです。

　用例は，筆者が長年収集してきたカード，ノートのほか，最近学生の講読用に使っている，安頓の『絶対隠私』以下のルポルタージュ集から多くとっています。これは中国人がはじめて自分のプライバシーを語りだしたことで話題になった一連の著作で，ときどきおやっと思うような例にでくわすことがあるかもしれません。内外の辞書類，とりわけ北京大学の『漢語常用詞用法詞典』，北京語言文化大学の『現代漢語常用詞用法詞典』，王硯農他の『漢語常用動詞搭配詞典』等は大いに参考にさせていただきました。また，本書の性格上一々断っていませんが，先学同輩の方々の説や用例を利用させていただいているところがあります。あわせてお礼申し上げます。

　本書のもとになったのは，かつて雑誌『中国語』（大修館書店，現在内山書店発行）に一年にわたって連載した「中国語入門」（1985年）と『NHKラジオ中国語講座テキスト』（1998年）に書いた記事「応用編に進む方のために」です。後者執筆後すぐに目をとめ本書の執筆をすすめてくださったのは編集部の黒崎昌行氏です。依頼を受けてからすでに5年以上の年月がたってしまいました。これまで辛抱強く待っていただいた黒崎氏，大修館書店にはお詫びとお礼を申し上げます。

　最後に，『中国語入門』の原稿をパソコンに打ち込み，作業を容易にしてく

れただけでなく，原稿の整理，校正にわたって手伝ってもらった愛知大学大学院の中西千香さん，原稿の中国語についての筆者の疑問に答えていただいた同僚の張筱平，劉長征それに張慧娟氏にお礼を申し上げたいと思います。それでもおかしな中国語があるとすれば，それはひとえに，うまく聞けなかった筆者の責任ということになります。読者の方々にはどうか忌憚のないご意見をお聞かせください。

　2003年春

荒川清秀

も く じ

まえがき   iii
もくじ   vii

1章　中国語の動詞
1. 中国語の動詞をみる視点   6
   倒 7／擦 7／点 8／放 8／找 9／要 11／扶・挤 13／看病・拍电影・开会・上课 13／送 14／走 15／坐・站 16
2. 注意したい動詞と目的語   17
   移動の仕方 17／身につける動作 18／つくる動作 19／かく動作 20／みる動作 21／スポーツ 21／楽器を演奏する 22／その他 22
   【カコミ】「みる」のいろいろ "看、盯、瞧、看见、看到、见、见到"   20
   　　　　　"打"のとる目的語   23

2章　動詞とその文型
1. 動詞と目的語   26
   (1)目的語のタイプ   26
   (2)対象が不定か特定か   28
   (3)うしろに目的語をおいてはいけないもの   29
   (4)動作の対象が動詞と目的語の間に割ってはいるもの   30
2. 動作の相手や対象をとる場合   31
   (1)二重目的語構文を使う   32
   　　给／教／その他
   　　【カコミ】"借"「借りる」と「貸す」   34
   (2)前置詞を使う   35
   　　给／跟／向／对
   　　【カコミ】"送"のいろいろ   37／三つの段階をもつ"要"   38
3. 動詞句を目的語にとる動詞   40
   喜欢・爱／学／练习・开始／忘了／讲究

【カコミ】"学"「まねる・習う・勉強する」　41
4. 文を目的語にとることのできる動詞　43
　(1)知覚・感覚を表す動詞　43
　　知道／記得／觉得／想／怕／担心／后悔／怀疑／估计／认为・以为／相信
　(2)発言を表す動詞　47
　(3)態度を表す動詞　48
　　欢迎／希望／要求／答应／同意／决定／决心／需要
5. 動詞の連用　52
　(1)連動式　52
　　①"来"や"去"との連動式　52
　　②その他の連動式　52
　(2)兼語式　55
　　①一般動詞の兼語式　55
　　②使役動詞がつくる兼語式　59
　　③その他の兼語式　60
　　【カコミ】"有"をもつ文3種　59
　(3)兼語式＋連動式　61
　(4)使役の動詞を使った命令の間接化　61

3章　動詞と結果補語

1. 中国語動詞の性格と補語の役割　64
　(1)中国語の動詞は結果にあまり関心がない？　64
　(2)"記"＝「覚える」。「覚えた」＝"記住"？　64
　　【カコミ】"記"　65
　(3)結果補語はだれの動作？　66
2. 「動詞＋結果補語」の勉強法　67
　　【カコミ】"～在、～給"は結果補語？　67
3. 結果補語の諸相　68
　(1)ステップ1　68
　　好／完／懂／见／到／"在"＋場所／"给"＋人／～形容詞／動詞＋結果補語（形容詞）の命令文
　　[比較]　"～好""～得好"　70

「動詞＋"完"」の二つの側面／"〜好"と"〜完"　72
　　(2)ステップ2　79
　　　　　上／下／住／着／开／成／会／走・跑
　　　　［比較］"〜上"と"〜到"　80
　　　　【カコミ】動作過程を分ける　84
　　(3)ステップ3　88
　　　　　倒・反／够・腻／坏／惯／透／齐／死
4. 動詞からみた結果補語との結合　92
5. 形容詞を使役的に使う　94

4章　移動動詞・方向補語

1. 移動動詞　96
　　(1)"来""去"　96
　　　　①他人の移動——客観的な視点　96
　　　　②話し手の短い距離での移動　96
　　(2)"走""到"　97
　　(3)「〜へ行く・〜へ来る」という表現　98
　　(4)方向を表す移動動詞　100
2. 方向補語　102
　　(1)単純方向補語　102
　　(2)複雑方向補語　103
　　　　①"站起来"にはなぜ"起来"が必要か？　104
　　　　②"拿起来"と"拿出来"　104
　　　　③"跳"は"〜起来"以外の方向補語とも結びつく　105
　　　　④移動を表す他動詞と複雑方向補語　106
　　　　【カコミ】"买来"は買って持ってくること　103
　　(3)目的語はどこに入る　107
　　　　①場所目的語の場合　107
　　　　②場所以外の目的語の場合　108
　　(4)"Ｖ来""Ｖ去"と"来Ｖ""去Ｖ"　109
3. 方向補語の派生義　111
　　(1)方向補語を全体として捉えよう　111

①起(来)　113
　　②上　114
　　③下(来)　114
　　[比較] "想起来" と "想出来"　112
　(2)その他の派生義で重要なもの　116
　　①"上来、上去"——接近　116
　　②"下来、下去"——継続　116
　　③"出来"——判別　116
　　④"过来、过去"——正常・非正常　117
　　⑤"～不过来"——余裕がない　117

5章　動詞の「時」（テンス）と「すがた」（アスペクト）

1. テンス・アスペクトと中国語の動詞　120
　(1)中国語にはテンスがない　120
　(2)状態動詞　121
　(3)変化性動詞・静態動詞　124
2. "了" について　126
　(1)"了$_1$" と "了$_2$"　126
　　了$_1$／了$_2$／動詞＋"了"／否定詞・禁止の副詞・助動詞＋動詞＋"了"／"了$_2$" の二つの側面／二つの "了" と時間補語／"了" と "完"
　(2)"了" がいるとき，いらぬとき　133
　　①"了" と文終止　133
　　②動詞が結果補語をともなうとき　134
　　③数量詞をともなった目的語が補語 "来" "去" の後にくる場合　135
　　④"来" "谢谢"　136
　　⑤文を目的語にとる場合　137
　　⑥兼語式の第一動詞　137
　　⑦直前に行われた発言に関する動詞　138
　　⑧"了" をきらう副詞　138
　　⑨過去を表す文にかこまれた場合　138
　(3)過去でも "了" にならない場合　139
　　①"是～的" 構文　139

②状態（程度）補語　140
3. "在" と "着"　141
　　"着"と相性のいい動詞／"着"も"在"もつく動詞／"在"は進行をどこまで表せるか／"着"と"下去"
　　【カコミ】"等"について　143
4. 未来の表現　147
　　快〜了／要〜了／就要〜了／快要〜了

6章　動作と時間

1. 時間の単位——点（time point）と長さ（time interval）　152
2. 動詞との順序　153
　　⑴動作と時間の関係には4種ある　153
　　⑵動作の時間（TI）　155
　　⑶TP（時刻）を表す語　158
3. TIが動作の前にくる場合　158
　　「ある期間〜していない；〜しない」／「ある期間〜する」
4. 時間を表す語　161
　　「最初（のうち）」／「そのあと」／「最後に」／過去を表す語／相対的な過去／過去から現在／近い過去を表す語／「今」／未来を表す語
5. 時間補語と目的語の順序　171

7章　文における主体的な要素——助動詞

1. 助動詞にはどんなものがあるか　174
　　⑴"也许""恐怕""大概""好像"　175
　　⑵動詞か助動詞か　177
　　　別・不要・不用・不必
　　【カコミ】"別"の後には何がくるか　178
2. 文中での助動詞の位置　178
3. 助動詞各論　179
　　⑴能力・可能を表すグループ〔A〕　179
　　　会／能／可以
　　⑵意思・願望を表すグループ〔B〕　187

要／想／愿意／肯／敢

　(3)当為・必要を表すグループ〔C〕　192

　　　应该・该／必须／得／要

　(4)可能性・蓋然性を表すグループ〔D〕　195

　　　可能／应该・该／得／能／会／要

　(5)その他　201

　　　好・容易・难・难得・够・忍心／好意思・不好意思／来得及・来不及／舍得・舍不得／值得／配

4．助動詞の連用　203

　　　可能要・可能会／必须会・必须要・必须得／应该能・应该可以／能愿意

5．助動詞と可能補語　204

8章　中国語における文の接続（複文）

1．主語に動詞句や文がくるもの　208

　　　述語に形容詞や助動詞の類がくるもの／述語に"有"をともなった文がくるもの／主文に"是"（＋前置詞句）がくるもの

2．接続語を使わない文の接続　210

　　　何も使わないもの／不・没（有）～＋肯定形／不・没（有）～不～／～也～／再～（也・就）～／～又～／～了～

3．接続語を使った複文　213

　(1)時間　213

　　　①同時　213

　　　　～的时候／（一）边～（一）边～

　　　②前後　216

　　　　先～再～・先～然后～・～再～・～再说／等（到）～（再・才）～／一会儿・忽～一会儿・忽～／以后・以前・之前／その他

　(2)仮定・条件　219

　　　　～就～／早知道～就～／要是～（的话），（就）～・如果～（的话），（就）～／疑問詞の呼応／一～（就）～／只要～就～／要不是～／要不（然）～／就是・就算・即使～也～／哪怕～／只有～（才）～／不管・无论～，都・也～／除非～才～

　　　［参考］まぎらわしい"就是"　226

(3) 因果・理由　229

因为~所以~／~之所以~是因为~／由于~／既然~（就）~／怪不得

(4) 追加・漸進　232

越~越~／越来越~／除了~（以外），~（还）~／而且／甚至~／不但・不仅~，~而且・还・也・又・反而~／别说~，即使・就是・连~也~／~尚且~，何况~

[比較] "别看" と "别说"　234

(5) 選択　235

~还是~・~或者~／不是~而是~／不是~就是~／要么~要么~／与其~不如・宁可~／宁可~也~

(6) 逆説・反転　237

虽然・尽管~但是・可是・却・然而~／~是~，但是・可是・就是・不过~

(7) 目的　239

①積極目的　239

为・为了~

②消極目的　239

~好~／免得~／省得~

一歩すすんだ中国語文法

中国語の動詞

中国語の力を伸ばす上で，単語をたくさん知っていることは大切なことです。しかし，よくできる人，あるいは中国人の話す中国語を聞いていると，案外少ない語でまにあわせていることに気がつきます。もちろん，少なくていいのではなく，大事なことはその少ない語を自由自在にあやつって話していることです。この少ない語の中で動詞は一つのカギとなるものです。

　動詞を修得する第一歩は，中国語の動詞の特徴を，中国人の発想に即してとらえることです。日本語に訳して終わりというのでは，その動詞の特徴を正確にとらえたことにはなりません。そのつぎは，動詞と目的語のむすびつき（中国語では"搭配"dāpèi）をつかむことです。たとえば，「夢をみる」の「みる」は「見る」="看"という動詞を使わず"做（梦）"と言うとか，「鏡をみる」は「鏡で照らす」="照（镜子）"と言うということは，中国語の発想に慣れていないとなかなか出てくるものではありません。

　さらに，それぞれの動詞がどのような文型をとるかも，動詞を自由に使いこなすためには非常に大切なことです。たとえば，日本語では同じく「～に～する」というものでも，中国語では，二つの目的語（二重目的語）をとる構文として表される場合もあれば，「～に」の部分を前置詞によって表す場合もあります。たとえば，おなじ「言う」でも，"告诉"と"说"は，つぎのように文型が異なります。

・你有什么事，尽管告诉我。
　　（何か用があれば，遠慮なくわたしに言って下さい。）
・你有什么事，尽管跟我说。
　　（何か用があれば，遠慮なくわたしに言って下さい。）

また，

・我从来没要求他说比如他会娶我之类的话。
　　（わたしはこれまで彼に例えば彼がわたしを妻にするというようなことを言うよう要求したことはない。）
・我的怀孕反应很厉害，医生警告我说如果不想要必须马上做掉。
　　（わたしの妊娠のつわりはひどいもので，医者はわたしにもし要らないならすぐ下ろすべきだと警告した。）

のような場合，いったいどれが誰の動作か迷ってしまうことがあります。最初の文の"说"は"他"の動作ですが，二番目の文の"说"は"我"ではなく，"医生"の動作です。これは"要求"が，

"要求"（＋人＋）動詞　（〔人に〕～するよう求める）

という文型をとり，"警告"のほうは，

　　　"警告"＋人

のように人を目的語にとるだけだということを知っていればまちがわなくてすみます。

　　　"警告"＋人＋"说"

は"警告"だけでは発言内容を伝える力が弱いので，引用文を導く"说"がついているのです。"告诉"も，引用文をとるときは，

　　　我妈告诉我说……。（母がわたしに言った……。）

のように，"告诉"の後に"说"を置くことがあります。

　"要求"は，上のように，「"要求"（＋人＋）動詞」のような文型をとるほか，

　　　丁力也要求和我唱歌，同事们鼓掌，我只能应付一下。
　　　　（ティンリーはわたしとデュエットしたいと言い，同僚たちも拍手であおるので，わたしは適当にその場をしのぐしかなかった。）

のように，動詞句を目的語にとることがあります。これは，本来，

　　　丁力要求（我）和我唱歌。
　　　　（ティンリーはわたしとデュエットしたいと言った。）

の"我"が省略されたものと考えるとわかりやすいでしょう。

　"希望"はちょっとやっかいで，

　　　我希望你参加。

は，「わたしがあなたに参加するよう望む」ことで問題ありませんが，

　　　我希望参加。

は，「わたしが参加することを望む」場合と「誰かに参加することを望む」場合とがあります。

　　また，"答应"では，

　　　他答应我参加。

は，

　　　a）彼が参加することをわたしに承知した。

という場合と，

　　　b）わたしが参加するのを彼が承知した。

という場合があります。しかし，

　　　他答应参加。

では,「参加する」のが彼に限られてしまいます。

　このように,それぞれの動詞の文型というものを意識しておかないと誤解を生むことになります。

　また,動詞は同時に結果補語や方向補語をとることで,動詞そのものだけでは未分化ないくつかの意味を区別し表すことがあります。たとえば,

　　　収到　　　受け取る（届く）
　　　收下　　　受け取る（受け取ってもらう）
　　　收起来　　片づける；しまう

というふうにです。多義的な動詞の意味の実現を補語が助けているということもできるでしょう。

1. 中国語の動詞をみる視点

　まず,中国語の動詞をみる際,どういう視点でみるべきかについて考えてみましょう。

　あるとき授業で,つぎのような文がでてきました。

　　　给病人端屎端尿。

"端屎端尿"はどういう意味かと学生に尋ねると「大小便の始末をする」と答えました。結局のところそうなのですが,では,"端"の意味は？と聞くと,どうも「始末する」と理解しているようなのです。それで,「どうして？」と聞くと,辞書に,

　　　给病人端大小便。

という例とともに「病人の大小便のしまつをする」という訳がついていたというのです。辞書の筆者はこの例文に対する意訳としてその訳をつけたのでしょうが,学生はその意味項目の訳語をみず,例の訳だけをみて上のように理解してしまったのです。"端"は「（両手あるいは片手で水平に）もつ」ことで,移動の意味も含まれていますから,本来「運ぶ」と理解すべきものです。たとえば,

　　　端菜端汤（料理やスープを運ぶ）

　このことは,日本語に対応する訳にとらわれず,動詞そのものの意味を正確につかむことの大切さを教えています。

中国語の勉強を深めるために，こうした動詞の例を以下いくつかみていきましょう。

▶▶ 倒 ◀◀

倒茶 dào　　　　　　お茶をいれる
倒垃圾 dào lājī　　　ゴミをすてる（あける）

同じ動詞を使っていながら，一方は「（お茶を）いれる」，もう一方は「（ゴミを）すてる／あける」と，日本語からはまったく違った語にみえます。こういうとき，単に訳語を覚えるだけでなく，"倒" という動詞はいったいどういう動作を示しているのかということを考えておく必要があります。二つの訳語の共通点を考えてみますと，両者は「容器を傾ける動作」ということでは一致しています。つまり，"倒" という動詞は，日本語に訳すと「いれる」「すてる，あける」のように，いくつかの訳語が対応するけれど，"倒" 自身は「容器を傾ける動作」だと理解しておくと，他の場面でも応用がきくということになります。たとえば，

・把洗衣粉倒在洗衣机里。（洗濯粉を洗濯機に入れる。）

という文で，"放" ではなく "倒" を使っているのは容器を傾けていれているからです。さらに他の例をみましょう。

▶▶ 擦 ◀◀

擦玻璃 bōli／皮鞋 píxié　ガラスをふく；みがく／革靴をみがく
擦黑板 hēibǎn／汗 hàn／脸 liǎn　黒板をふく；消す／汗をふく／顔をふく
擦粉 fěn　ファンデーションをぬる
擦萝卜丝 luóbosī　大根を千切りにする

「ガラス」や「革靴」を "擦" するのはふいてきれいにすることに目的があります。黒板や汗では，はっきりふき取る対象があります。これに対し，「ファンデーション」はふくようにして，ぬりつけることで，「汗」とは逆です。大根では，結果として「千切り」が生まれるのですが，ともあれ，これらすべてに共通するのは "擦" という動詞が「摩擦する；こする」という動作でしかないことです。「ふいてとり去る」のか「ふくようにしてつける」かは，目的語との関係で出てくる違いにすぎないということがわかります。

次の例はどうでしょう。

▶▶ 点 ◀◀

点菜 diǎncài 　　料理を注文する
点名 diǎnmíng 　　出席をとる
点头 diǎntóu 　　うなずく
点歌 diǎngē 　　（カラオケなどで）歌をリクエストする

　これらの訳に共通する動作特徴は「点をうつ」ような動作です。料理を注文するときには指で一つ一つ指定します。出席をとる場合も一人一人確認していきます。うなずく動作は，頭の動きがまさに点をうつ動作に通じます。最後の，カラオケなどでよく使う"点歌"も，上の"点菜"と同じく，一つ一つ曲を指定する動作です。日本語で「曲を入れる」と言うのは，"点歌"の後の動作を指したもので，中国語が選曲の段階を言っているのに対し，日本語が最後の段階を言っているのは面白い現象です。

▶▶ 放 ◀◀

　中国語に"放心"ということばがあります。文字面だけをみると「放心」かということになりますが，

　　你放心，他一定会来帮助你的。
　　　（安心して，彼は必ずあなたを助けに来るから。）

のような例からすると，「放心する」ではなく，「安心する」という意味であることがわかります。なぜそうなるのかというと，それは"放"が，「手を離す」動作であって，"放心"とは，「（気にかかっていた）心を手放す──おろす」ことだからです。ちなみに中国語では「気にかかる」ことを"提心吊胆"tíxīndiàodǎnと言います。

　さて，この"放"は他のいろいろな補語と結びついて，それ自身ではとても表せない豊富な意味を表すことができます。以下の例をご覧ください。

放下　　　　おろす
放在桌子上　（テーブルの上に）おく
放在脸盆里　（洗面器に）いれる
放进去　　　いれる
放上去　　　あげる
放回去　　　もどす

　これらに共通する"放"は「手を離す」動作だとみることができます。対応

する日本語の意味の差は，方向を表す補語の違いによるものです。

　以上のようにみてくると，中国語の動詞というのは，日本語の訳だけみていると，全然違ったいくつもの意味をもっているようにみえますが，よく観察すれば，その中に共通な動作があるということがわかります。もちろん，すべての動詞がこのように解釈できるわけではありませんが，単に日本語の訳語をあてはめてすますのでなく，中国語の動詞の意味そのものをつかむよう努力することが大切です。

　その点で，さらに注意したい動詞に"找"があります。

▶▶ 找 ◀◀

　"找"は日本の辞書の中には，
1. 捜す。
2. 訪ねる，訪問する，会う。
3. 呼ぶ，呼び出す，呼び寄せる。
4. 捜し求める，探求する，見つける。　　　（『白水社　中国語辞典』）

　　　　　⋮

のように，いくつもの意味を立てているものがあります。しかし，不思議なことに，中国で最も権威ある《現代汉语词典》には，「必要とする人に会いたい，あるいはものを獲得したいと思って努力する」と，一つの意味しかでてきません。これは何を意味しているかというと，どうもわたしたち日本人がいくつもの意味があると思っているものでも，中国人にとっては，その基本（核）となる意味は一つなのかもしれないということです。わたしはふだん，"找"の基本義を「自ら求める」ことだと説明しています。以下，用例をみながら，検討していきましょう。

　"找"といえば，まず「探す」という意味が浮かびます。
　　"你找什么呢？""我丢东西了。"（「何探しているの。」「ものをなくしたの。」）
　　你藏好了吗？我找你呀。
　　　（ちゃんと隠れた？さがすよ。※母と子がかくれんぼうをしている場面）
　モノが対象の場合は「さがす」にあたります。問題は人を目的語にとるときで，2番目の例や，
　　我找你二十年了。（あなたを捜して 20 年になります。）

のように文脈がはっきりしているときは「さがす」と訳すのは容易ですが,"找＋人"が出てきたら,大半は「(人を) 訪ねる；(人のところに) 行く」ことだと思った方がいいでしょう。このパターンは,たいてい相手がどこにいるかわかっていて使うことの方が多いからです。例をさらにみてみましょう。

・我妈妈找你。（母さんがあなたに用があるって。）

・你找我有事吗？（わたしに何かご用ですか。）

・你有什么事，尽管找我。
　（何か用があるなら，遠慮なくわたしのところにきてください。）

・你来得正好，我正想找你呢。（いいところに来た。ちょうどあなたのところへ行こうと思っていたんです。）

・你找谁？（どなたにご用ですか。）

これらは,辞書では「訪ねる」に入る例ですが,その基本義は「自ら求める」動作であることがわかります。また,電話の呼び出しで使う,

・请你找一下林丽。（リンリーさんを呼んで下さい。）

は,ふつう「呼ぶ」と訳すケースですが,これも相手が代わりにその人を「求める」ことで,やはり基本義につながっています。また,

・他找古波看电影。

は,訳としては「クーパーを誘って映画を見る」でいいでしょうが,これも「(映画を見ようと) クーパーのところへ行く」ということで,"找"に「誘う」という意味があるわけではありません。構文がそうさせるのです。

さらに,以下のような例では,上の基本義のような捉え方をしていないと,なかなか意味がつかめません。

・小孩儿在爸爸妈妈的面前，总是喜欢找妈妈。
　（子どもは両親の前では，いつも母親の方へ行こうとする。）

・阿姨守了佳佳三天，可是等妈妈回来了，马上就找她，不要阿姨了。
　（看護婦のお姉さんは三日間チアチアの看病をしていたが，お母さんが帰ってくると，すぐお母さんの方へ行って，お姉さんはいらなくなる。）

これらの"找"は,「(すすんで) 母親のもとへ行こうとする」ということです。次の例も熱にうなされながらも「母親を求めている,母親に会いたがっている」場面で,基本となる意味は同じです。

・现在还不退烧，老哼哼，要找妈妈，你能不能来看看。
　（今はまだ熱が下がらなくて，ずっとうんうんうなっていて，お母さん

に会いたがっているんですが，会いに来られませんか。）

最後に，「自ら求める」の最適の例をあげておきましょう。

　　自找麻烦。（自ら面倒を引き起こす。）
　　自找苦吃。（自分から苦労をしに行く。）

▶▶ 要 ◀◀

"要"というと，ふつう「ほしい」という形容詞の意味で理解しているでしょうが，これは本来動詞で，

　　a) ほしい（と思う）

以外にも，

　　b) ほしいと言う；要求する
　　c) もらう；受け取る

という意味があります。入門段階では a だけ知っておけば用がたりますが，学習がすすむにつれ，b)や c)も知っておく必要があります。たとえば，

　　我想要大一点儿的。（わたしは少し大きめのをもらいたいんですが。）

で，"要"を「ほしい」と訳すと"想"（〜したい）と重なってしまいます。この"要"は「もらう」と理解すべきものです。

まず，

　　你要什么？（何がいりますか。）

が a)の例であることは問題ありませんが，

　　她要，我就给她了。
　　（彼女がほしいと言ったので，わたしは彼女にあげました。）

のように三人称の動作になりますと，心の中を知るには，態度によるか，ことばによるかしないといけませんから b)に移ります。次の例でははっきり要求したことがわかります。

・孩子要了半天洋娃娃，妈妈也没给买。（子どもはずっと人形がほしいとねだったが，それでもお母さんは買ってあげなかった。）
・这房子要了好几年才要到。
　（この家は何年もほしいほしいと言いつづけてきてやっと手に入れた。）
・她跟爸爸要钱，没要成。
　（彼女はお父さんにお金をねだったが，もらえなかった。）
・到了那儿，想着跟他要。（そこについたら忘れず彼にもらうんだよ。）

最後の例は「もらう」と訳しましたが,「ほしいと言う」だけかもしれません。
　c)の例としては次のようなものがあります。
　・这是跟谁要来的？（これは誰からもらってきたの。）
　・我跟莉莉要了一张照片，留作纪念。
　　　（わたしは記念にリーリさんに写真を一枚もらった。）
　・你给我要点儿纸来。（すこし紙をもらってきて。）
　・如果你想要，跟我说一声。
　　　（もし君が欲しいなら，わたしに一言かけてください。）
　・我从来没有跟父母要过钱。
　　　（わたしはこれまで両親にお金をねだったことがない。）
"要"が「もらう」という意味で使われるときは，上の例にあるように，"跟～要""要来""要了""想要"のようなカタチをとるのが特徴的です。最後の例は，「要求したことがない」ということですが，訳としては「もらったことがない」の方が自然でしょう。ともあれ，"要"の「もらう」は「要求してもらう」ことです。
　ただし，以下のような否定の例では単に受け取るというだけで，必ずしも要求したことを含んでいません。
　・他送我一幅画，我没有要。
　　　（彼はわたしに絵を一枚くれると言ったが，わたしはもらわなかった。）
　・这么贵重的东西，我不能白要。
　　　（こんな貴重なものをただではもらえません。）
　・开始，河南人坚持不要。（はじめ，河南の人はいらないと言い張った。）
　・阿勇，这是你家的，我们不能要。
　　　（ヨンさん，これは君の家のだ，わたしたちはもらうわけにいかない。）
これに対し，
　・这不是买的，是朋友给我的。
　　　（これは買ったものではなくて，友達がわたしにくれたものだ。）
の"给"は結果だけを言っているだけで，こちらが要求した結果か，相手から自発的にくれたかは不明です。
　なかには，b)かc)か曖昧なものもあります。
　・我要了一样菜，你再要一个吧。（一品とったから，もう一品とって。）
　・菜要多了。（料理をとりすぎた。）

これらは，料理を注文して，すでにきたのか，単に注文だけしたのかあいまいで，中国人の反応も分かれるところです。b)の意味も c)の意味もこの文脈でともに使えるということでしょう。

▶▶ 扶・挤 ◀◀

中国語の中には，作用・反作用の関係にある動詞があります。たとえば，"扶"という動詞は，以下のように，自分が「誰かをささえる」場合もあれば，「つかまる」こともあります。

・他扶着盲人过马路。(彼は目の不自由な人をささえて道をわたる。)

は，かれが盲人をささえているのですが，

・他扶着墙休息。(彼は壁にもたれて休む。)

は，かれが壁によりかかっています。

"挤"は，「しぼる動作」と「せまい空間をかきわけて進む」意味があります。前者は，

・这牙膏挤不出来了。(この歯磨き粉，出なくなっちゃった。)
・把鞋油挤到鞋刷上。(靴磨きのワックスを〔しぼって〕靴ブラシに出す。)
・挤牛奶。(牛の乳をしぼる。)

後者は，

・你再往里挤一下。(もう少し中へつめてください。)
・他从人群里挤进去。(彼は人混みをかきわけて入っていった。)

のような例です。外から中へ力をかけるのと，中から外へ押しかえすような動作が一つの動詞の中に併存するということです。

▶▶ 看病・拍电影・开会・上课 ◀◀

つぎに主体と客体が一体化したような動詞をみてみましょう。

"看病"は「病気をみる」「病気をみてもらう」というふうに，医者の立場でも，患者の立場でも使える動詞です。

・大夫每天都来给我看病。
　　(医者は毎日わたし〔の病気〕を診察にきてくれる。)
・我下午叫汽车到医院去看病。
　　(わたしは午後車を拾って病院へ診察してもらいに行く。)

"拍电影"（映画を撮る）も，監督の立場，俳優の立場双方から使えることば

です。
・他拍过很多记录片。(彼は記録映画をたくさんとっている。)
・那个女演员拍任何片子，穿的都是自己的服装。
　　(あの女優はどんな映画をとる場合も，着るのはすべて自分の服だ。)
　もうひとつ，"开会"は，以下の例のように，「会議を開く；会議に出席する」という意味があり，
・会已经开完了。(会議はもう終わりました。)
・他们正在开会呢。(彼らは今ちょうど会議中です。)
・爸爸去北京开会，很长时间没回家了。
　　(お父さんは北京に会議に行って，長い間家にもどってきていない。)
　"上课"も，「授業をする；授業に出る」ということで，教師の立場からも学生の立場からも使えることばです。
・张老师病了，不能来上课了。
　　(チャン先生は病気になって，授業にこられなくなった。)
・我今天懒得去上课。(わたしは今日授業に出るのがおっくうだ。)

▶▶ 送 ◀◀

　"送"という動詞も日本人にはひっかかりやすいものです。これを「送る」とだけ理解しているとおかしな例にぶつかります。たとえば，「家からお金を送ってもらっていますか＝仕送りをしてもらっていますか」というのを，
・家里给你送钱吗？
とすると，「家の人が直接お金をとどけてくる」ことになります。「送金」は"寄钱"と言わなくてはなりません。つまり，"送"とは，「AからBへ何かを持っていく；運んでいく」ことで，モノなら「とどける」，人なら「送っていく」となるわけです。
・雪里送炭／送信／送报纸／送牛奶
　　(雪の中に炭を届ける／手紙を届ける／新聞を届ける／牛乳を届ける)
・我送送你／我送你回家吧。(君を送ります／君を家まで送ります。)
　つぎのような例も，なかなか日本語にしにくいものですが，この意味の延長にあります。
・往嘴里送面包 (口にパンを運ぶ)
・这种中药不好吃，用了半杯水还没送下去。(この種の漢方薬は飲みにくく，

お水をコップ半分使っても，うまくのどに運べない。）

> 注 "送"と反義語の関係にある"接"も，モノなら「受け取る」，人なら「迎える」となります。たとえば，"接东西"（ものを受けとる），"接礼物"（プレゼントを受けとる），"接人"（人を迎える）。

もう一つ注意すべきは，中国語の"送"には，「（人を）送る」以外に「（人を）見送る」という意味があることです。たとえば，
・我送你到车站（駅まで送っていく）
・我到车站送你（駅まで見送りにいく）
で，兼語式をとる前者は「送る」ですが，連動式の後者は「見送る」ということになります。「送る；見送る」というこの二つの違いを，中国人はあまり意識していないと思いますが，日本語でははっきり区別があります。

▶▶ 走 ◀◀

"走"が「走る」でなく「歩く」という意味であることは，よく話題になるのでご存じでしょう。しかし，入門で最初に出てくる"走"は，「その場を離れる」という方で，「歩く」という意味を表すためには，以下のように"走"に他の要素がつくか，ある文脈が必要となります。
・走着去（歩いていく）
・走下来（歩いて降りてくる）
・孩子会走了。（子どもは歩けるようになった。）
・她走得很快。（彼女は歩くのが速い。）

一方，なにもつかない，はだかの"走"は場面によって「行く；帰る」などと訳し分けられますが，基本的な意味は「その場を離れる」ことです。
・我走了。（失礼します。）
・你先走吧。（お先にどうぞ。）
・她走得很早。（彼女は出かけるのが早い。／早く出かけた。）

"走"が結果補語として使われる場合も，「その場を離れる」という意味です。
・既然要跟他分手，我得搬走了。
　　（彼と別れる以上，わたしは引っ越して行かなくてはならない。）
・我想带走。（テイクアウトしたいんですが。）

さらに，"走"は次のような例では，人以外の乗り物，機械の移動を表して

います。
- 我们走高速吧。（高速道路を通って行きましょう。）
- 坐车要走多长时间？
    （車でどのくらい時間がかかりますか。）
- 不管你的马多好多快，可是朝着这个方向走，是到不了楚国的。
    （おまえの馬がどんなに立派で速かろうと、この方向に進んで行けば、楚の国にはつかないぞ。）
- 你的表走得准吗？（君の時計はあっていますか。）

▶▶ 坐・站 ◀◀

"坐"と"站"は「座る」と「立つ」で問題なさそうです。しかし，

　　坐 ⟶ 坐下
　　站 ⟶ 站起来

と，"坐"と"站"が"～下"や"～起来"と結びつくのはなぜでしょう。"坐"はまた

　　坐起来

となることもあります。これはつまり，中国語の"坐"は「座っている状態」そのものを指すのが基本で，立った状態から座る過程を表すためには"坐下"としなくてはいけないのです。同じように，"站"とは「立った状態を維持する動作」そのものであって，座った状態を立った状態にするには"站起来"という，補語をともなったカタチが必要となります。たとえば，子どもがハイハイの状態から立てるようになったというのは，

　　小孩儿会站了。

といって，

　　*小孩儿会站起来了。（子どもが立てるようになった。）　　*は非文を表す。

とはいいません。子どもの発達段階としては，まずつかまり立ちができ，つぎに座った状態からの起立ができるようになるからです。こうした点は，ふだんなかなか気づかないものですが，日本語と中国語の微妙な違いをみつけることも中国語の学習を深める上では大切なことです。

　最後にあげた"坐起来"はどうでしょう。実は，英語でも先の"坐下"は *sit down*，"站"は *stand up* と *down* や *up* がついています。"坐起来"にあたる英語も *sit up* があり，これは「寝ていた状態から上半身を起こす」ことです。

こういう点からみると，"坐"や"站"は日本語より英語に近いということができます。

2. 注意したい動詞と目的語

　中国語の動詞は，上で述べたように，日本語とは重なるようでいて，かなり違うもの，微妙に違うものが少なくありません。同時に，動詞と目的語の関係についても注意をはらうようにしましょう。ここでも日本語と発想の違う表現がたくさんみられます。
　まず，動詞に視点をおいてみてみましょう。

■ 移動の仕方

車で行く	坐车去／开车去	zuò chē qù/kāi chē qù
車で送る	开车送你	kāi chē sòng nǐ
飛行機で行く	坐飞机去	zuò fēijī qù
船で行く	坐船去	zuò chuán qù
自転車で行く	骑(自行)车去	qí (zìxíng)chē qù
バイクで行く	骑摩托(车)去	qí mótuō(chē) qù
歩いて行く	走着去	zǒuzhe qù
エレベーターで行く	坐电梯上去(下去)	zuò diàntī shàngqu (xiàqu)
タクシーで行く	坐出租车 zuò chūzūchē／打的 dǎdī 去	
タクシーを呼ぶ・拾う・止める	叫[拦](辆)出租车	
	jiào [lán] (liàng) chūzūchē	

　英語では，go by car のように前置詞の by ですんでいたところですが，中国語では動詞で表現されます。乗り物での移動は一般に"坐"です。本来「腰掛けて乗る」わけで，おそらく輿などに乗るときに使われたものと思われます。それが，近代になって車が登場したときにその類推でこの動詞が当てられたのでしょう。車以外にも，船や飛行機にも応用されました。いろんなものに応用されるとともに意味が希薄になってきますから，かりに満員で立って行っても"坐"となるわけです。「エレベーター」では，完全に立って乗りますが"坐"

しか使えません。これも類推と言えるでしょう。一つ注意すべきは，日本語では「エレベーターで上がる・降りる」とも言いますが，たいていは「エレベーターで行く」ですませます。これに対し，中国語では「エレベーターで上がる・降りる」と上下方向を明示するのがふつうです（余談ですが，中国のエレベーターガールはふつう座っています。バスでも車掌の席があるくらいですから）。

　また，すでにご存じでしょうが，中国語の乗り物に関する動作で注意すべきは，「腰掛けて乗る」のが"坐"であるのに対し，「またがって乗る」動作をはっきり"骑"と区別することです。

　以上はすべて「座ったり，またがった状態で移動する」ことでしたが，「乗り込み」の動作は別に"上"を使って，"上车""上船""上飞机"と言います。船も飛行機も同じです。これに対し，降りるのは簡単で"下"ひとつです。

■ 身につける動作

　身につける動作はある意味単純です。だいたい，腕や足などを通して身につけるようなものはすべて"穿"を使います。上着，ズボン，スカート，靴，靴下がそうです。それ以外の帽子，眼鏡，手袋，指輪など体につけるようなものは"戴"です。手袋などは，手を通すのですから"穿"でよさそうですが，これも"戴"です。これも一種の類推です。たとえば，ピアスなどは穴に通すのですから"戴"では不自然だと思うのですが，これも"戴"です。動詞が違うのはネクタイ・ベルト，それにマフラー・エプロンの場合で，"系"（しめる）や"围"という動詞を使います。つける動作に対しはずす動作も，

　　　穿 ⟷ 脱
　　　戴 ⟷ 摘
　　　系 ⟷ 解

のように違っています。

　　　　　服を着る　　　　　　　穿（上）衣服 chuān（shang）yīfu
　　　　　　服を脱ぐ　　　　　　　　脱（下）tuō（xia）衣服
　　　　ズボンをはく　　　　　　穿裤子 kùzi
　　　　スカートをはく　　　　　穿裙子 qúnzi
　　　　靴をはく　　　　　　　　穿鞋 xié
　　　　靴下をはく　　　　　　　穿袜子 wàzi
　　　　マフラーをする　　　　　围围巾 wéi wéijīn

中国語の動詞 —— 19

エプロンをする	围[系]围裙 wéiqún
帽子をかぶる	戴(上)帽子　dài màozi
眼鏡をかける	戴(上)眼镜　yǎnjìng
眼鏡をとる・はずす	摘(下)眼镜
手袋をする・はめる	戴手套 shǒutào
指輪をする・はめる	戴戒指 jièzhi
ネックレスをする・かける	戴项链 xiàngliàn
ピアスをする	戴耳环 ěrhuán
ネクタイをする・しめる	系领带 jì lǐngdài
ベルトをしめる	系腰带 yāodài
つけまつげをする・つける	戴假睫毛 jiǎjiémao

■ つくる動作

　乗り物や身につける動作では，ある種の類推作用が働いて，こまかな動作の違いは問題にされませんでした。これとは逆に，ものをつくる動作では，それぞれ具体的にどういう動作をするかによって動詞を使い分けます。以下の表をご覧下さい。

ごはんをつくる	做饭 zuòfàn
餃子をつくる	包[捏]饺子　bāo [niē] jiǎozi
餃子をゆでる	煮 zhǔ 饺子
餃子をむす	蒸 zhēng 饺子
餃子を焼く	煎 jiān 饺子
餃子の皮をつくる	擀皮儿 gǎn pír
眼鏡をつくる	配(副)眼镜　pèi (fù) yǎnjìng
合い鍵をつくる	配(把)钥匙　(bǎ) yàoshi
判子をつくる	刻图章　kè túzhāng
ゆで卵をつくる（ゆでる）	煮鸡蛋 zhǔ jīdàn
目玉焼きをつくる（焼く）	煎 jiān 鸡蛋
卵焼きをつくる（焼く）	炒 chǎo 鸡蛋
パンを焼く（つくる）	烤面包　kǎo miànbāo
セーターを編む	织[打]毛衣 zhī [dǎ] máoyī
かごを編む	编筐子 biān kuāngzi／编篮子 biān lánzi

おさげを編む	梳［编／扎］辫子 shū［biān／zhā］biànzi
友だちをつくる	交朋友 jiāo péngyou
道路をつくる	修路 xiūlù
家を建てる	盖房子 gài fángzi
会社をつくる	办［开］公司 bàn［kāi］gōngsī

それぞれ，具体的にどうするのかによって動詞が使い分けられています。たとえば，「餃子をつくる」なら，"包"（つつむ），"捏"（つまむ），「餃子の皮」は「押して引き延ばす」という"擀"，眼鏡や合い鍵は，「あわせる」という"配"，判子は「彫る・刻む」という動詞"刻"が選ばれています。「セーター」のように，針や道具を使う場合は"织"で，"编"は手で編む場合です。「家を建てる」のは「屋根をかぶせる」という"盖"が選ばれます。

■ かく動作

手紙を書く	写信 xiě xìn
絵を描く	画画 huà huàr
○を書く	画(圆)圈儿 yuánquānr
線を引く	画线 xiàn
✓をつける	打勾儿 dǎ gōur
×をつける	打叉 chā
日記をつける	记［写］日记 jì［xiě］rìjì
伝票を切る	开票 kāipiào

◇「みる」のいろいろ　"看、盯、瞧、看见、看到、见、见到"

"看"は意識的に見ることで，英語の *look at* に当たる。病気をみる・みてもらうも"看"を使い，"看病"という。"盯"はじっと見ること。注視すること。"瞧"は北方の口語で，ほぼ"看"の用法をカバーする。「病気をみてもらう」も"瞧病"となる。"看见"は"看"した結果みえること。目にはいること。"看到"は"看见"と同じように使うこともあるが，「目撃する；目にとまる」ということで特に抽象的な名詞（"幸福、光明、积极性"など）を目的語にとれる。"见"は会うという意味と，見えた結果に重点のある「見る；見える」で，「この目で見た」というときは"我是亲眼见的"とはいえるが，"看"は単独では使えず，"看见／看到"と結果補語をともなったかたちにしなければならない。"见到（了）"は可能を表していて，「会えた；見えた」ということ。

「かく」場合の動詞としてはすぐ"写"が浮かぶでしょうが，これはあくまで字を書く場合であって，絵をはじめ，線や他の図形はすべて"画"です。頭の切り替えが必要です。また，伝票や書類の類は"开"が選ばれます。

■ みる動作

テレビをみる	看电视 kàn diànshì
夢をみる	做梦 zuò mèng／梦见～ mèngjiàn
鏡をみる（映す）	照镜子 zhào jìngzi

特に注意してほしいのは「夢をみる」で，これはけっして"看"を使いません。ただ，"做梦"はこれ自身で「夢をみる」ということで完結していて，「～の夢をみる」というときは"梦见"を使います。

・我昨晚做了一个梦，梦见你了。
　（昨日の夜，夢をみた。夢にきみがでてきた。）
・昨天晚上我梦见有人追我。
　（昨日の夜，夢で誰かがわたしを追っかけてきた。）

ついでに「夢」に量詞をつけて使うと"一场梦"となります。はじめてこのことばを聞いたときは一瞬「いちゃもん」と聞こえ，反応するのに数秒かかったのを覚えています。こういうのも，音のまとまりとして覚えていないと反応できないものです。

「鏡をみる」にも注意してください。「鏡に映す」という動詞を使っていることです。ちなみに，「写真をとる」＝"照相"zhàoxiàng も実は同じ構造です。

■ スポーツ

テニスをする	打网球	dǎ wǎngqiú
卓球をする	打乒乓球	pīngpāngqiú
バレーボールをする	打排球	páiqiú
バスケットボールをする	打篮球	lánqiú
野球をする	打棒球	bàngqiú
サッカーをする	踢足球	tī zúqiú
ゴルフをする	打高尔夫球	gāo'ěrfūqiú
ボーリングをする	打保龄球	bǎolíngqiú

ここでは「つくる」などとは逆に，球を使った競技にはすべて同じ"打"と

いう動詞が使われています。例外は唯一「サッカー」の場合で，具体的に「蹴る」＝"踢"という動詞が選ばれています。

■ 楽器を演奏する

ピアノを弾く	弹钢琴 tán gāngqín
バイオリンを弾く	拉小提琴 lā xiǎotíqín
オルガンを演奏する	弹风琴 fēngqín
アコーディオンを弾く	拉手风琴 shǒufēngqín
太鼓をたたく	打鼓 dǎgǔ
カスタネットをたたく	打响板 xiǎngbǎn
シンバルをたたく	打镲 chǎ
ハーモニカを吹く	吹口琴 chuī kǒuqín
トランペットを吹く	吹小号 xiǎohào

楽器は具体性が尊重されていて，ある程度使い分けがみられます。同じ「弾く」でも，「はじくように弾く」のは"弹"，「引っ張って弾く」のは"拉"です。打楽器は"打"，吹奏楽器は"吹"となっています。

■ その他

以下，その他，注意してほしいものをあげておきます。

将棋をする・さす	下象棋 xià xiàngqí
碁をうつ	下围棋 wéiqí
トランプをする	打扑克 dǎ pūkè
トランプ・麻雀のパイを混ぜる	洗牌 xǐ pái
麻雀をする	打(麻将)牌 dǎ (májiàng) pái
凧を揚げる	放风筝玩儿 fàng fēngzheng wánr
辞書を引く	查词典 chá cídiǎn
名前［あだ名］をつける	起名字［外号］ qǐ míngzi (wàihào)
お湯をわかす	烧水 shāo shuǐ
お湯がわく	水开了 shuǐ kāile
電話をかける	打［拨］电话 dǎ [bō] diànhuà／来／去／回电话
電話に出る；をとる	接电话 jiē diànhuà

電話を切る	挂 guà 电话
電話を引く；つける	安[装] ān[zhuāng]（上）电话
お金を使う	花钱 huā qián
お金を払う	交[付] jiāo[fù] 钱
お金を貯める	攒钱 zǎnqián
お釣りを出す	找钱 zhǎoqián

◇ "打"のとる目的語

　一つの動詞で，万能の働きをするものに"打"があります。本来「なぐる」という意味ですが，"打毛衣"（セーターを編む），"打电话"（電話をかける）のように，さまざまな目的語をとることができます。分類するのはなかなか難しいのですが，一応辞書等の記述をもとに分けてみました。例は常用されるものを中心にあげておきます。

1) 容器を満たす；(容器をもって)買いにいく；雇う。
　　打水（水・お湯をくむ）　打酒（酒を買う）　打饭（ご飯を買う）
　　打车（車をひろう）
2) 入れる。
　　打气（空気をいれる）　打针（注射をする）
3) あける；かざす。
　　打伞（傘をさす）　打旗子（旗をたてる）
4) 何かをつくる。
　　打毛衣（セーターを編む）
5) 何かを打つ，出す。
　　打字（タイプを打つ）　打电话（電話をする）　打电报（電報を打つ）
　　打电脑（パソコンをする）　打手机（携帯電話をする）
6) 何かをする。
　　打赌（かけをする）　打工（アルバイトをする）　打算盘（算盤をする）
　　打球（球技をする）　打扑克（トランプをする）
7) ある身体の動作，生理的動作をする。
　　打手势 shǒushì（手まねをする）　打喷嚏 pēntì（くしゃみをする）
　　打哈欠 hāqian（あくびをする）　打呼噜 hūlu（いびきをかく）
　　打瞌睡 kēshuì（いねむりをする）

コーヒーをいれる	煮[冲]咖啡 zhǔ [chōng] kāfēi
お茶を（急須に）いれる	沏[泡]茶 qī [pào] chá
お茶を（湯飲みに）いれる	倒 dào 茶
宿題をする	做[写]作业 zuò zuòyè
宿題を出す	留[交]作业 liú [jiāo] zuòyè
新出単語を覚える	记生词 jì shēngcí
本文を暗記する	背课文 bèi kèwén
テレビに出る	上电视 shàng diànshì
映画を撮る	拍电影 pāi diànyǐng
新聞に載る	上报 shàngbào
ファックスする	发传真 fā chuánzhēn
メールを打つ	发电(子)邮(件) diàn(zǐ) yóu(jiàn) 发 fā E-mail
インターネットをする	上网 shàng wǎng
携帯電話の電源をいれる	开机 kāijī
携帯電話の電源を切る	关机 guānjī
〜に携帯電話をかける	打〜的手机 dǎ 〜 de shǒujī
犬を飼う	养(只)狗 yǎng (zhī) gǒu
花を育てる	养花 yǎng huā
花に水をやる	浇花 jiāo huā
手紙を出す	寄信 jì xìn
手紙を受け取る	收 shōu (到)信
手紙の封を切る	拆 chāi (开)信
ハンコを押す	盖图章 gài túzhāng
恋愛をする	谈[搞]恋爱 tán [gǎo] liàn'ài
休みになる	放假 fàngjià
休みをとる	请假 qǐngjià

動詞とその文型

1. 動詞と目的語

1章では動詞とそれがとる目的語のむすびつきについて見ました。ここでは，まず目的語で注意すべきものをいくつかとりあげ，そのあと動詞のとる文型について詳しくみていきたいと思います。

(1) 目的語のタイプ

動詞の目的語にも，いくつかのタイプがあります。

a) 動作の対象を表すもの

これはもっとも代表的なもので，動作の向かう対象を表します。あまり意識しないでもわかるものです。

　　吃水饺（水ギョーザを食べる）
　　喝牛奶（牛乳を飲む）
　　洗衣服（服を洗う──→洗濯をする）
　　花钱　（お金を使う）
　　看杂志（雑誌を読む）

b) 動作の結果を表すもの

目的語が結果を表すものです。日本語にも同じものがありますから理解は容易でしょうが，より意識して使うようにしましょう。

　　包饺子（ギョーザを包む）
　　盖房子（家を建てる）
　　挖洞　（穴を掘る）
　　烧水　（湯をわかす）

最後の例は，"水"を「ミズ」とみれば対象を表す目的語になりますが，「お湯」とすれば結果目的語になります。これは，また，

　　烧开水

ともいえますから，結果と考えていいでしょう。

c) 道具を表すもの

　　吃大碗（どんぶりで食べる）
　　试表

後者は,「熱を計る」という意味です。"表"は"体温表"のことで道具を表しています。道具は一般に前置詞"用"を使って表しますから,目的語にくるケースはそれほど多くありません。

d) 目的を表すもの

「～のために～する」というふうに,目的語が目的を表すものです。これもそう多くありません。

　　跑买卖（商売で走り回る）

　　排豆腐（豆腐を買うために並ぶ）

後者は,今でこそなくなりましたが,かつて豆腐が配給制のときは,人々は配給切符をもって並んだものです。

e) 原因を表すもの

　　哭爸爸

「お父さんのことで泣く」という意味で,原因を表しています。

　　你哭什么?

　　你笑什么?

は,「何を泣いているの」「何で笑っているの」ということで,どちらも原因を聞いています。

f) 方式を表すもの

このタイプもそれほど多くありません。

　　存定期（定期で預ける）

　　寄挂号（書留で送る）

g) 場所を表すもの

　　吃食堂（食堂で食べる）

　　"让他睡板凳吧。""那咱俩呢?""睡地板吧。"（「彼はベンチで寝かそう」「じゃ,わたしたちは?」「床で寝よう」）

"吃食堂"は"在食堂吃"がふつうの語順ですが,

・他天天吃食堂。（彼は毎日食堂で食べている。）

・我们今天吃食堂吧。（わたしたち今日は食堂で食べましょう。）

のように言うことができます。

一つの動詞がいくつものタイプの目的語をとる場合があります。以下の例をごらん下さい。

【吃】
　　吃面条（うどんを食べる）　　　　吃大碗（どんぶりで食べる）
　　吃食堂（食堂で食べる）
【考】
　　考学生（学生をテストする）　　　考数学（数学のテストを受ける；する）
　　考口试（口頭試問を受ける；する）　考大学（大学を受ける）
　　考博士（博士課程を受ける）　　　考了个第一名
　　　　　　　　　　　　　　　　　　（テストの結果一番になる）
【读】
　　读小说（小説を読む）　　　　　　读大学（大学で学ぶ）
　　读研究生（大学院生として勉強する）

(2)対象が不定か特定か

　以下の"话""饭""东西""衣服""歌"のように直接何かを指すのではなく，意味が希薄になった目的語があります。
　・你怎么不说话？
　・你怎么不说？
　この二つは大きな違いがあります。一つ目は，「なぜ話をしないのか」ということですが，二つ目は「なぜ（ある特定のことを）言わないのか」ということです。
　・你来吃饭吧。
　・你来吃吧。
　これも，一つ目は「食事をする」こと，二つ目は「（あるものを）食べる」という意味になります。"说话"の"话"，"吃饭"の"饭"は，あってもなくても同じというわけではなく，対象を不特定のものにしています。以下の例も比べてみて下さい。
　・我去买东西。（買い物に行く。）
　・我去买。（〔何かを〕買いに行く。）
　・我洗衣服。（洗濯をする。）
　・我洗。（〔何かを〕洗濯する。）
　・大家一起来唱歌吧。（みんなで歌を歌おう。）

・大家一起来唱吧。(みんなで〔ある〕歌を歌おう。)

(3)うしろに目的語をおいてはいけないもの

　いわゆる「離合詞」で、全体が「動詞＋目的語」になっていて、もはや目的語をおけないのに、うっかりその後においてしまうタイプをみておきましょう。そのうち、日本人の間違いのベスト2にあげられるのが"毕业"と"见面"です。
　　＊你是什么时候毕业大学的？
　"毕业"はそれ自身「業を畢える」という意味で、「動詞＋目的語」の構造になっているのですが、日本人はこれをひとつの動詞とみて、よく上のように言ってしまいます。正しくは、
　・你是什么时候大学毕业的〔毕的业〕？
　　　(あなたはいつ大学を卒業したのですか。)
　・我是98年从大学毕业的〔毕的业〕。
　　　(わたしは98年に大学を卒業したのです。)
のように言わなければいけません。

> 注　"毕业"の前の名詞は上の例のようになにもつけないか、"从"をつけます。
> ・她从学校毕业后，就在幼儿园里当了教师。
> 　(彼女は学校を卒業したあと、幼稚園の先生になった。)

　また、日本人はすぐつぎのように言ってしまいがちです。
　　＊我见面他了。
正しくは、
　・我跟他见过面。
　・我见过他（一）面。
のどちらかです。"见"だけでも、会うという意味ですが、主語が複数のときは"见面"を使いましょう。たとえば、「わたしたちまたお会いしました。」という文は、
　　＊我们又见了。
というより、
　・我们又见面了。
という方が自然です。

(4)動作の対象が動詞と目的語の間に割ってはいるもの

　日本語でいうと,「〜を」に当たるものが,動詞と目的語の間にはいるタイプをみておきましょう。"見面"でもそうでしたが,「〜を助ける」というときにも,
　・你给我帮帮忙。(わたしを手伝って下さい。)
のように,動作の対象を前置詞で前にだすこともできますが,
　・你帮帮我的忙。
のように,"帮忙"の間にはさむこともできます。
　"开玩笑"(からかう；冗談を言う)も,もし「誰かをからかう；誰かに冗談を言う」というときは,つぎのような二つの文型をとります。
　・别跟我开玩笑。(わたしに冗談を言わないで。)
　・别开我的玩笑。(わたしをからかわないで。)
"开玩笑"では,上の訳のようなちがいがあるようです。

> 注　これを,次のように言うと,その人自身がからかいの材料になります。
> 　别拿他开心。(彼をからかうのはよしなさい。)

「〜に腹を立てる」というときも,つぎのように二つの文型があります。
　・他在跟你生气呢。(彼はあなたに怒っているのよ。)
　・他在生你的气呢。(彼はあなたのことで怒っているのよ。)
両者は"开玩笑"のときのような違いはないようです。

　以下の動詞句では,対象を前置詞で前にだし,対象の一部分を動詞の目的語としています。
　・给我照张相。(わたしの写真をとって。)
　・给你擦汗。(あなたの汗を拭く。)
　・给孩子换衣服。(子どもの服を着替えさせる。)
　・大夫给病人看病。(医者が病人を診察する。)
　・给他搓背。(彼の肩をもむ。)
これらを,
　＊照我的相。
　＊擦你的汗。
　＊换孩子的衣服。

*大夫看病人的病。
　　*搓他的背。
のようにいうことはできません。

2. 動作の相手や対象をとる場合

　以上は動詞の対象が一つだけの場合でしたが，次に，相手（人）と対象（モノ）の二つをとる場合と相手だけをとる場合について考えてみましょう。
　中国語で相手と対象の二つをとるのは，大きく以下のような二つのケースに分かれます。
　(1) 二重目的語構文を使う
　この型の動詞はつぎのように，相手に何かを与えるという共通の意味をもったものが大多数です。
　　　给　　教　　告诉　　送　　问　　托
　(2) 前置詞を使う
　　给〜　利益を与える相手を示します。電話や手紙の相手，ものの届け先も"给"で示します。
　　跟〜　発言に関する動詞の相手を示します。
　　　说　　商量　　打听　　联系　　打招呼
　　向 -　発言の相手や気持ちの向かう先を示します。
　　　介绍　打听　问好　赔不是　祈祷　请教　道歉　借
　　　负责
　　对〜　積極的な動作ではなく，心理活動，所有を表す動詞や心理活動を描写する形容詞の相手を示します。
　　　关心　　了解　　有　　进行　　好　　热情　　冷淡

動詞によっては意味が似ているにもかかわらず，タイプが違うものがありますからやっかいです。

(1) 二重目的語構文を使う

　二重目的語をとる動詞の大部分は，相手に何かを与えるという意味を共通にもっています。まず，その代表格である"给"からみてみましょう。

▶▶ 给 ◀◀

・给你钱。（はい，お金。）
・小林给了我两张票。（リンさんはわたしにチケットを2枚くれました。）

"给"のあとの代名詞を間接目的語，そのあとの名詞を直接目的語といいます。
　"给"はこのタイプの代表的な動詞で，英語の give に似ていますが，かならずしも所有権が相手にわたらなくてもかまいません。買い物などでの会話，たとえば，

"给你二十块。""找你三块五。"（「はい，20元。」「3.5元のおつりです。」）

を思い浮かべても，最初の"给"は，20元すべてをあげたわけではなく，わたしだけです。また，日本語で「これはお父さんにもらったんだ」というときでも，中国語は，お父さんを主語にして，

・这是爸爸给我的。（これはお父さんがくれたんだ。）

のように言いますから，この発想にも慣れましょう。
　"给"は相手またはもののどちらか一つだけを目的語にしても言えます。

・给你。（あげる。）
・给叔叔。（おじさんにあげる。）
・爸爸不给钱。（お父さんはお金をくれない。）

　目的語を二つとる動詞といっても，実際にはその片方しかとらないケースも少なくないのです。また，動詞によっては，片方の目的語だけでは成立しないものもあります。たとえば，"告诉"は，

・我告诉你。（言っておくけど。）

のように，間接目的語だけでも言えますが，

＊我告诉一个好消息。

のように，直接目的語だけでは成立せず，

・我告诉你（一）个好消息。（あなたに良い知らせがあるの。）

と，二つの目的語を出して言うしかありません。

▶▶ 教 ◀◀

「～に～を教える」ということで，これも日本語の「教える」，英語の *teach* の感覚で使えます。

・张老师教我们汉语。(チャン先生はわたしたちに中国語を教えます。)

"给"と同じく，一方の目的語だけでも使えます。

・张老师教我们。(チャン先生はわたしたちを教えます。)
・张老师教汉语。(チャン先生は中国語を教えます。)

"教"はつぎの例のように動詞句を直接目的語にすることもあります。

・我教你唱歌。(わたしはあなたに歌を教えます。)

カタチの上では兼語式に似ているので，この構文を兼語式と考える学者もいますが，二重目的語構文の一つです。というのは，

・我教唱歌。(わたしは歌を教えます。 ※職業として)

のように，直接目的語（ここでは動詞句）だけでも言えるからです。

▶▶ その他 ◀◀

・他告诉了我一个不好的消息。(彼はわたしに悪い知らせを伝えた。)
・我想问你几个问题,可以吗？(いくつか質問をしてもよろしいでしょうか。)
・我送你一本我写的书。(あなたにわたしの書いた本をプレゼントします。)
・我想托你一件事。(一つあなたにお願いしたいことがあるのですが。)

上の例からもわかるように，二重目的語のうち，直接目的語は原則として不定のもの，つまり，なんらかの数量詞がついたものが選ばれます。

ただ，特に数量を問題にしないときは，

・给你钱。(はい，お金。)
・还你书。(本を返すね。)

のように言うことがあります。

ここまで，二重目的語をとる動詞をみてきましたが，直接目的語，特に指示代詞の修飾を受けた目的語はしばしば文頭に置かれます。

・这本书，我送给你。(この本をあなたにさしあげます。)
・那个大的给我吧。(その大きいのをわたしにください。)

二つの目的語がいつも動詞の後にくるわけではないのです。

以上の動詞は「何かを与える」という意味を共通にもっていました。一方，二重目的語をとる動詞の中には，少数ですが「相手から何かを取る；奪う」という意味をもつものもあります。

・收你十块钱。(あなたから10元いただきます。)
・你收了人家几次东西，也该还还礼了。(あの人から何度かもらい物をしているから，そろそろおかえしをしなくては。)
・不拿群众一针一线。
　　(大衆から針一本，糸一本とらない。　※中国人民解放軍の規律の一つ)

二重目的語をとる動詞は，"～给"をあとにとって複合動詞化したカタチもよく用いられます。むしろ，このカタチを取った方が安定していると言っていいでしょう。ただし，"～给"となると，すぐ後ろには相手である人しかおけません。

・如果你愿意，以后我可以教给你。
　　(あなたにその気があるのなら，いつか教えてあげてもいいですよ。)
・我递给他一个苹果。(わたしは彼にリンゴを一つ手渡した。)
・我把捡到的钢笔交给警察叔叔了。

> ◇ "借"「借りる」と「貸す」
> 　・我借他一千块钱。
> という文は，「借りる」と「貸す」どちらにもとれますが，優勢なのは，二重目的語の構文から言って与える方の「貸す」の方です。しかし，それでもときに誤解が生じますので，それぞれ構文的に二つの意味をわけて表すようになっています。たとえば，「貸す」は，
> 　・我借给他一千块钱。
> のように。「借りる」の方は，
> 　・我跟他借一千块钱。
> というふうにです。
> 　もう一つ，中国語の"借"はお金を払ったり，取ったりせずに貸し借りすることで，もしお金がからめば"租"を使います。
> 　・这套房子不能卖，只能租给你。
> 　　(この家は売れません，賃貸しすることができるだけです。)
> 　・他跟公司租了一辆车。(彼は［お金を出して］会社から車を一台借りた。)

（わたしは拾った万年筆をおまわりさんに渡した。）
・我借给他一千块钱。（わたしは彼に1000元貸した。）
　本来，直接ものや情報の移動先（相手）を目的語にとれない動詞でも，"～给"と複合すると，以下のように相手（移動先）をとれるようになります。
・你要，我可以卖给你。（あなたが必要なら売ってあげてもいいですよ。）
・请你把她介绍给我，好吗？（彼女をわたしに紹介してくれませんか。）
・照片洗出来了寄给你。（写真ができたら，あなたに送ります。）
・这是我妈让我带给你的。
　　（これは母からあなたに持っていくよう言われたものです。）
・我现在念给你听听。（わたしは今からあなたに読んで聞かせます。）

(2)前置詞を使う

　日本語で考えると間接目的語になるようなものが，中国語ではしばしば前置詞によって前に置かれます。そのうち，よく使われるのはつぎの数種です。
　　给～　なんらかの利益の相手，電話・手紙の相手，届け先
　　跟～　発言の相手
　　向～　発言の相手，働きかけの対象
　　对～　発言の相手，あるいはなんらかの感情の向け先
これらを以下詳しくみていきましょう。

▶▶ 给 ◀◀

　相手になんらかの恩恵を与えると言うときに使います。動詞は意味的に矛盾しなければ，どんなものでもくると言っていいでしょう。
・刘老师给我们上汉语课。（リウ先生はわたしたちに中国語の授業をします。）
・我来给你们介绍介绍。（わたしがあなたがたに紹介しましょう。／あなたがたを引き合わせましょう。）
・你顺便给我买一本，好吗？
　　（ついでにわたしに一冊買ってきてくれませんか。）
・你给我优惠点儿吧。（少しまけてください。）
・我来给［跟、向］你赔个不是。（わたしはあなたにお詫びします。）
　"给"は「～に」ですので，その連想から"教"についても，

```
  ＊刘老师给我们教汉语。
```
と言いがちですから注意しましょう。"教"の相手は後に置くのでした。
　少数ですが迷惑をあたえるという場合もあります。
- 老给你们添麻烦，实在对不起。
  （いつもあなた方に迷惑をかけて，本当にすみません。）
- 你不能给咱们公司丢脸啊！
  （我々の会社に恥をかかすようなことはしないでくれよ。）
- 洪水给人民带来了巨大灾难。（洪水は人々に大きな災難をもたらした。）

"给"は，こうした利益（まれに不利益）をもたらすという場合以外に，
- 我晚上给你打个电话。（今晩あなたに電話します。）
- 你到了北京，一定给家里写信。
  （北京についたら，必ずうちに手紙を書くんですよ。）

のように「電話や手紙の相手」を導くだけでなく，
- 我给你寄去。（あなたに送ります。）
- 家里给你寄钱吗？（うちから送金してもらっていますか。）
- 我给你送去吧。（あなたにお届けしましょう。）

のように，「送り先や届け先」を表すのにも使います。

> 注 "寄"は，
> - 我寄给你。
>
> としても同じく「（郵便で）送る」という意味ですが，"送"を"给"と組み合わせて"送给"とすると，「〜にあげる；プレゼントする」という意味になります。
> - 我送给你吧。（あなたにさしあげます。）
>
> 「プレゼントする」の"送"は"送给〜"，「届ける」の"送"は，"给〜送去［来］"となるわけです。これは，"送"の意味が多義的で，カタチによって意味を分けて伝えているからです。

▶▶ 跟 ◀◀

"跟"は本来相互的な前置詞で，
- 他过来跟我聊了一会儿。（彼はやってきてわたしとしばらく話をした。）
- 我想跟她结婚。（わたしは彼女と結婚したい。）
- 你是怎么跟他认识的？（あなたはどうやって彼と知り合ったのですか。）
- 他跟我丈夫吵了起来。（彼はわたしの主人と口げんかをはじめた。）

のように，なにかをいっしょにする相手を示すときに使いますが，片方向の動作相手を示す前置詞としても使います。この場合動詞は発言に関するものが中心です。

・你有事，尽管跟我说。
　　（用があるなら，遠慮しないでわたしに言って下さい。）
・我有件事儿想跟你商量一下。（あなたに相談したいことがあるのですが。）
・我看见她了，可是没跟她打招呼。
　　（彼女を見かけたが，声はかけなかった。）
・别再跟我开玩笑。（これ以上わたしに冗談を言わないで。）

ここにあげた動詞は本来相互的なものですので，場面によって，どちらか迷うものも少なくありません。たとえば，"商量"だと，双方向的（「〜と相談する」）か，片方向的（「〜に相談する」）か区別がつかないことがあります。

> 注　"商量"は動詞の"找"と連用して，
> 　・你找她商量一下。（彼女に〔のところへ行って〕相談してみたら。）
> のように言うこともできます。

片方向だけの動詞には，ほかにつぎのようなものがあります。
・我想跟你打听个人。（ある人のことについて聞きたいのですが。）
・等我回来，一定跟你联系。（帰ってきたら，必ずあなたに連絡します。）

◇ "送"のいろいろ

意味によってとる文型，とれる文型が違います。
1) （人をある地点まで）送る："送" + 人 + V
　・我送你回家吧。（家まで送りましょう。）
　・我明天不能送你。（明日は送っていけません。）
　"送你"は場面によって「見送る；送って行く」どちらにもなります。
2) 見送る："送" + 人
　・谢谢你特意来送我。（わざわざわたしを見送りにきてくれてありがとう。）
　・我明天不能送你。（明日はお見送りができません。）
3) プレゼントする："送(给)" + 人 + （モノ）
　・这本书，我送给你做纪念。（この本は記念にプレゼントします。）
4) とどける："给" + 届け先 + "送" 〜
　・你把这个给林丽送去吧。（これをリンリーさんに届けて下さい。）

これまでみてきたように，同じ相手（人）を示す場合でも，"说"や"打听"は前置詞を用いるのに対し，"告诉"や"问"は間接目的語で表しました。これを整理しておきましょう。

跟［対／给］+人+说
告诉+人

跟［向］+人+打听
问+人

> 注 人（やもの）を表すことばを"说"の後ろにおくと，「しかる」か「なにかを話題にする」という意味になります。
> ・今天老师说我了。（今日先生はわたしをしかった。）
> ・"你们说谁呢？""没说你。"
>   （「君たち誰のことを言っているの。」「君のことじゃないよ。」）
> ・我们还不能说胜利。（我々はまだ勝利について語ることはできない。）

"跟"は，相互的な相手，発言の相手を示すほかに，動詞は限られていますが，出どころを表す用法があります。
・这是跟爸爸要来的。（これは父からもらってきたものだ。）
・你别跟他学。（彼のまねをしないように。）
・别跟他借钱。（彼からお金を借りないように。）
上の文の"要"は「ほしい」ではなく「もらう」という意味です。

▶▶ 向 ◀◀

相手を表すばあいに限って，前置詞"向"と結びつく動詞についてあげておきましょう。
・我来向［给］你们介绍一下。（わたしがひとつみなさんに紹介します。）

◇三つの段階をもつ"要"

"要"は「ほしい」と思う段階から，それを口に出して言う，要求する，さらには「もらう」までの三つの段階をもった動詞です。
・你还要什么？（ほかに何かいりますか。）
・他要，我就给他了。（彼がほしいと言ったのであげました。）
・到了那儿，你想着跟他要。（そこについたら，忘れず彼にもらうんですよ。）
・我从来没跟父母要过钱。（わたしは今まで両親にお金をねだったことがない。）
・这是跟爷爷要来的。（これはおじいさんからもらってきたものだ。）

・我想向［跟］你打听个人。
　　（わたしはあなたにある人のことを聞きたいのですが。）
・请替我向大家问好。
　　（わたしに替わってみなさんによろしくお伝え下さい。）
・你替我向他们赔不是。（わたしに替わって彼らにお詫びを言って下さい。）
・他让我向你道歉。
　　（わたしは彼から君にお詫びを言うように言われました。）

"介绍"との関係でいえば，"给"より"向"の方が改まった場面で使います。また，"赔不是"はつぎのようにいくつかの前置詞がとれます。
・我来给［跟，向］你赔个不是。

▶▶ 对 ◀◀

日本語の「～に」に対応する前置詞，相手を表す前置詞としては，以上のほかに"对"があります。

"对"は，本来動詞で，
・对着大铁门我说对不起。
　　（わたしは大きな鉄のドアに向かってごめんなさいと言った。）

のように「～に対面する」ということですが，そこから意味がだんだん薄れていって，単に話の相手や気持ちの向かい先を表すだけになってきました。この相手は人の場合と抽象的な名詞の場合があります。
・说实在的，她对你不感兴趣。
　　（本当のことを言うと，彼女はあなたに興味がありません。）
・你是不是对婚姻有幻想？
　　（あなたは結婚に対して幻想を持っているんじゃないの。）
・对老师有意见可以提。（先生に文句があるなら言えばいい。）

以上は述語に動詞がくる場合でしたが，形容詞がくる場合もあります。
・我对这次的考试成绩不太满意。
　　（わたしは今回の試験の成績にあまり満足していない。）
・她怎么对你这么客气？（彼女はどうして君にそんなに遠慮しているの。）
・他们对祖国的未来很乐观。（彼らは祖国の未来にとても楽観的です。）
・那天我妈对我特别好。（あの日母はわたしにとてもやさしかった。）
・他对工作很负责。（彼は仕事にとても責任感がある。）

"对"は，つぎのような動詞では，本来後にくるはずの目的語を前に出す働きもします。
- 她很关心你。——→她对你很关心。
  （彼女は君にとても関心をもっている。）
- 她很了解你。——→她对你很了解。
  （彼女は君のことをとてもよく知っている。）
- 我一向很尊重他。——→我一向对他很尊重。
  （わたしはずっと彼のことを尊敬してきた。）

上にあげた動詞の中でも，前置詞のとり方には幅があって，一つに決まっているものと，いくつかの前置詞をとれるものがあります。たとえば，"说"は，"跟"以外に，

　　我对她说（彼女に言う）
　　我给你说（あなたに言う）
　　我向你们说（君たちに言う）

のような前置詞もとることができますが，このうち，"说"にとっては"跟"がもっともニュートラル（中性的）なものと言えるでしょう。

3. 動詞句を目的語にとる動詞

　中国語の動詞は名詞（句）を目的語にとるほか，動詞（句）や形容詞（句），さらには文を目的語にとるものがあります。ただ，動詞（句）だけを目的語にとる動詞はむしろまれで，たいていは，形容詞（句），文をも目的語にとります。言い換えれば，文は目的語になった場合，主語が落ちたりしますので，見かけ上動詞句をとるようにみえることがあるのです。一方，以下の例のように，文を目的語にとれず，名詞句，形容詞句，動詞句など句の一つ，あるいはそのうちの二つを目的語にとる動詞もあります。ここではまず，主に動詞句を目的語にとるものを中心にみます。

▶▶ 喜欢・爱 ◀◀
　ともに動詞句，形容詞を目的語にとることができます。

- 我喜欢踢足球。（わたしはサッカーをするのが好きです。）
- 我不爱看书。（わたしは本を読むのが好きではない。）
- 他喜欢热闹，可我喜欢安静。
  （彼はにぎやかなのが好きだが，わたしは静かなのが好きだ。）
- 她爱干净。（彼女はきれい好きだ。）

"爱"の方が，より口語的です。また，
- 我喜欢他老实。（わたしは彼がおとなしいから好きだ。）

は，一見文を目的語にとっているようにみえますが，あとで述べる兼語式の一種です。

▶▶ 学・练习・开始 ◀◀

- 你想学游泳吗？（水泳を習いたいですか。）
- 他出院后，每天练习走路。
  （彼は退院してから，毎日歩行練習をしている。）
- 你什么时候开始学汉语的？（君はいつ中国語を勉強しはじめたのですか。）

> 注 "走路"は，「歩行する」ということで，この"路"は"走"の意味を「歩く」に固定させています。道でなくて室内でも言うことができます。

ここでの"学"は「習う」です。「車の運転を習う」は，
- 我想学开车。

ですが，略して，
- 我想学车。

とも言えます。

--- ◇ "学"「まねる・習う・勉強する」 ---

"学"は本来「まねる」ことで，そこから「習う」そして「勉強する」という意味が派生してきています。
- 她很会学校长。（彼女は校長のものまねがうまい。）
- 你别跟她学。跟她学，肯定会学坏的。
  （彼女のまねをしてはいけない。彼女のまねをしていたらきっと悪くなる。）
- 你想学游泳吗？（君は水泳を習いたいですか。）
- 学外语，非下苦工夫不可。
  （外国語を学ぶにはたいへんな努力をしなければならない。）

"学"は「まねる」という時は文を目的語にとることができます。
・学鸡叫（ニワトリの鳴き真似をする）。
・学老太太说话。（おばあさんの話しぶりをまねる。）

"开始"は，名詞を目的語にとることができますが，目的語に当たるものを文頭に出して，つぎのように自動詞として使うことがあります。この方が自然です。
・联欢晚会现在开始！（親睦会を今からはじめます。）

▶▶ 忘了 ◀◀

"忘"は"忘了"のように"了"をともなってよく用いられます。"忘了"は文も目的語にとることができますが，動詞句をとるのがふつうです。
・我忘了带伞／带饭。（傘／お弁当を持ってくるのを忘れました。）
・刚才忘了告诉你。（さっきあなたに言うのを忘れていました。）
・我忘了问你叫什么名字。
　（わたしはあなたに名前をたずねるのを忘れていました。）

> 注　"忘了"はつぎのように，あとの動詞に"了"がつけば，"了"を省けます。
> ・我忘带了。（もってくるのを忘れました。）
> "忘"は日本語「忘れる」と同じく，「覚えていない」ことにも，「ものを（どこかに）置き忘れる」場合にも使えます。英語では *forget* と *leave* で区別します。
> ・我把钥匙忘在家里了。（わたしは鍵を家に忘れた。）

▶▶ 讲究 ◀◀

"讲究"は「～にうるさい」ということで，動詞，形容詞を目的語にとることが多いのですが，まれに，文も目的語にとることがあります。
・大阪人讲究吃，京都人讲究穿戴。
　（大阪の人は食べ物にうるさく，京都の人は着る物にうるさい。）
・她穿衣服讲究漂亮。（彼女はおしゃれに着ることにこだわっている。）
・跳舞要讲究姿势优美，动作准确。
　（ダンスは姿勢の美しさと動作の的確さを重んじなければいけない。）

4. 文を目的語にとることのできる動詞

　次に，文を目的語にとることのできる動詞をみていきます。なかには，見かけ上は動詞句や形容詞句をとっているようにみえるものもありますが，本質的にはかわりがありません。文を目的語にとる典型的な動詞は知覚・感覚，発言，態度を表すものです。

(1) 知覚・感覚を表す動詞
▶▶ 知道 ◀◀
　・我知道你現在特別忙。
　　　（わたしはあなたが今とても忙しいのを知っている）
　"知道"は"吗"との間に疑問文をおくことができます。
　・你知道她上哪儿去了吗？（彼女がどこへ行ったか知っていますか。）
　・你知道她住在哪儿吗？（彼女がどこに住んでいるか知っていますか。）
この場合，全体を疑問文にするには"吗"をつける必要があります。これは後で述べる"觉得"と違う点です。
　"知道"は次のように，動詞や形容詞を目的語にとることもあります。
　・你只知道吃。（あなたは食べることしか頭にないの。）
　・她不知道累。（彼女は疲れを知らない。）
　　　　　注　「広く知っている」という意味の"了解"や「理解する」の"理解"は文
　　　　　　　を目的語にとることができません。

▶▶ 記得 ◀◀
　"记得"も文を目的語にとることができます。
　・你记得十年前咱们在这儿许过愿吗？
　　　（君は十年前に我々がここで約束したことを覚えていますか。）
　・记得我小时候，你常常背着我玩儿。（わたしが幼い頃，あなたがわたしを
　　　負ぶって遊んでくれたことを覚えている。）
　　　　　注　"记"は「覚えようとする行為」そのものを言い，覚えた段階は"记住"，
　　　　　　　覚えたあとの持続の段階は"记得"のように段階をかたちの上でわけてい

ます。また、"记得吗？"に対する答えは"不记得了。"と"了"をつけるのがふつうです。

▶▶ 觉得 ◀◀

"觉得"は「感じる；思う」という意味で、本来感覚について言うのですが、思考についても言うことができます。これも文を目的語にとります。
- "你觉得累吗？" "我不觉得累。／觉得不累。"
  (「疲れを感じますか。」「疲れを感じません。」)
- "你觉得不舒服吗？" "嗯，我有点儿不舒服。"
  (「気分が悪いのですか。」「ええ、少し気分が悪いんです。」)
- 我总觉得你对我不如以前那么热情了。(わたしはどうもあなたが前ほどわたしに優しくなくなったと感じています。)

なお、"觉得"は、疑問文を目的語にとることができます。
- 你觉得汉语难不难？ (中国語が難しいと思いますか。)
- 你觉得汉语什么地方难？ (中国語のどこが難しいと思いますか。)

"知道"は文末を"吗"でくくっていましたが、"觉得"は"觉得"以下を疑問文で終わらせることができる動詞です。

▶▶ 想 ◀◀

文を目的語にとる"想"は「想像する；推測する」という意味です。
- 我想他今天不来了。(彼は今日もうこないと思う。)
- 我想人家肯定不喜欢我。(あの人はわたしのことがきっと嫌いだと思う。)
- 我想当妈的可能都会这么说吧。(思うに、母親というものはおそらくみんなそんなふうに言うのでしょう。)

▶▶ 怕 ◀◀

「恐れる」の意味の"怕"は、文や動詞句を目的語にとると、「～しはしないかと心配する；思う」という意味になります。英語の *I am afraid* ～に似ています。
- 我怕她干不了，你去帮帮忙。
  (彼女ができないのではと心配だから、君が助けにいってあげてくれ。)
- 我怕你不认识路，特地来接你。
  (君が道がわからないんじゃないかと思って、わざわざ迎えに来たよ。)

・我怕迟到,早点儿出发了。(わたしは遅刻するかと思って,早めに出てきた。)
・我怕听错了,又问了一遍。
　　(聞き間違えたのではないかと心配で,もう一度たずねた。)
・我怕得罪人。(わたしは人の機嫌を損なうのがこわい。)
"怕"はさらに,形容詞,動詞も目的語にとることができます。
・我怕冷,不怕热。(わたしは寒いのは苦手だが,暑いのは平気だ。)
・不怕脏,不怕累。(きたないのも,疲れるのもいとわない。)
・我牙坏了,怕凉,怕酸。
　　(歯が悪くなってしまって,冷たいのと酸っぱいのが苦手だ。)
・我怕胖。(太るのがこわい。)
動詞を目的語にとるときは,受け身の意味になることがあります。
・我怕传染。(わたしは病気を移されるのがこわい。)
・玻璃制品怕压。(ガラス製品は上から重みをかけられるのに弱い。)
つぎのような"怕"は,すでに副詞化しています。
・事情怕不那么简单。(ことはおそらくそんなに単純ではないだろう。)
・他怕又犯错了吧。(彼はまたミスをしてしまったかもしれない。)

▶▶ 担心 ◀◀

"担心"は「～なのではないかと(～しはしまいかと)心配する」という意味で,あとに"会"を伴うときがあります。
・她担心孩子考不上大学。
　　(彼女は了どもが大学に受からないのではないかと心配している。)
・他担心毕业后找不到工作。
　　(彼は卒業後に仕事が見つからないのではないかと心配している。)
・我担心他会把身体搞坏了。
　　(わたしは彼が体をこわしてしまわないかと心配だ。)

▶▶ 后悔 ◀◀

"后悔"は,「～したことを後悔している」という意味で,あとに"不该"を伴うときは,「～すべきでなかったと後悔している」の意味になります。
・她后悔自己多说了一句话。
　　(彼女は自分が一言余計なことを言ったと後悔している。)

・他后悔没找好对象。
　　（彼はいい結婚相手を見つけられなかったことを後悔している。）
・我后悔不该跟她说。
　　（わたしは彼女に話すべきではなかったと後悔している。）
・我后悔不该闹别扭。（わたしはすねるべきではなかったと後悔している。）

▶▶ 怀疑 ◀◀

"怀疑"は「(～ではないかと) 疑っている」という意味で，文を目的語にとります。
・大家都怀疑这又是他干的。
　　（みんなはこれはまた彼がやったのではないかと疑っている。）
・我怀疑他在后面捣鬼。
　　（わたしは彼が背後でたくらんでいると思っている。）

▶▶ 估计 ◀◀

"估计"は「想像する」という意味で，"会"をしばしば伴います。
・我估计她今天不会来。（わたしは彼女が今日こないだろうと思う。）
・我估计这件事不会成功。（わたしはこのことはうまくいかないと思う。）
つぎのような"估计"は「おそらく」という意味で，副詞化しています。
・估计问题不大。（おそらくたいしたことはないでしょう。）
・从这儿到车站估计得半个小时。
　　（ここからバス停まで，おそらく30分くらいかかるでしょう。）

▶▶ 认为・以为 ◀◀

"认为"と"以为"は対比させて覚えましょう。"认为"は「理性的に思う」，"以为"は「主観的に思いこむ」という意味です。"以为"の場合はたいてい，あとに前文の思いこみが間違いであるような文がつづきます。
・我认为他是最理想的丈夫。（わたしは彼が理想の亭主だと思っている。）
・我还以为是谁呢, 原来是你呀。（誰かと思ったら, あなただったんですか。）
・我以为你失踪了。（わたしはあなたが失踪したものと思ってた。）

▶▶ 相信 ◀◀

"相信"は，つぎのように未来の動作について使うことができ，その際"能"や"会"が入ることがあります。

・我相信你一定能完成任务。
　　（わたしはあなたが必ず任務を達成できると信じています。）
・我相信我们一定会再见面的。
　　（わたしはわたしたちが必ずやまた会えると信じています。）

(2)発言を表す動詞

発言を表す動詞には"说""告诉""问"などがあります。"说"は，以下の例にみられるように，目的語となる文の中でも主語を示すことがあります。また，文を目的語にとる場合は，たとえ完了した動作でも"了"をつけません。これは"了"をつけないことで，逆にそこで終わらず，文を目的語にとっていることを示しているのです。

・96年底，张辛说她结婚了。
　　（96年の終わりに，チャンシンは結婚したと言った。）
・她说她马上就回来。（彼女はすぐ戻ると言った。）

上の2例で"说"の後の"她"は"说"の主語と同じです。

・我说要买，他说不卖。
　　（わたしは買いたいと言ったが，彼は売らないと言った。）
・她说冷。（彼女は寒いと言った。）
・请你告诉她明天的会不开了。
　　（彼女に明日の会議はなくなったと伝えて下さい。）
・我已经告诉他们快点儿吃饭。
　　（わたしは彼らに急いで食事をするようすでに伝えた。）
・我问他明天怎么样。（わたしは彼に明日はどうかと聞いた。）

上のように"告诉"と"问"の直接目的語には文もきます。

たとえ完了した動作でも"了"をつけないというのは，"看见""听见""听说"などの感覚を表す動詞についても言えます。これらの動詞は単独で言うときにはどれも"了"が必要なものです。

- 我看见他们回来了。(わたしは彼らが帰ってくるのを見た。)
- 我听见外边儿有人敲门。(外で誰かがノックをするのが聞こえた。)
- 我听说张老师住院了。(チャン先生が入院したと聞きました。)

　中国語で発言を表す動詞のうち、"告诉""嘀咕"などは文を目的語にとる機能が弱いか、あるいはないため、後ろにさらに"说"をとることがあります。ここでの"说"は英語の〔said〕*that* にあたるものです。中国語で引用文を導く動詞と言えるでしょう。
- 你回去告诉奶奶，说表叔就要来了。(あなたは戻って、おばあさんにおじさんがもうすぐ来ると伝えて下さい。)
- 他跟我嘀咕说你忘恩负义。
  (彼はわたしにこの恩知らずとぶつぶつと言った。)
- 他们在背后议论说我爱出风头。
  (彼らは影でわたしが目だちたがりやだとうわさしている。)
- 他赶紧跟我解释说她早就结婚了，丈夫在国外。(彼はあわてて彼女はとっくに結婚している、夫は海外にいるとわたしに説明した。)

(3)態度を表す動詞

▶▶ 欢迎 ◀◀

　"欢迎"は、文を目的語にとる動詞ですが、読みの切れ目（ポーズ）は目的語となる文の主語のあとになります。つまり、
　　欢迎你下次再来。(どうかこの次また来て下さい。)
の切れ目は、
　　欢迎／你下次再来。
ではなく、
　　欢迎你／下次再来。
だということです。一見"欢迎"が兼語式をとっているようにみえます。しかし、"欢迎"は文を目的語にとっているのです。それは、つぎのように目的語となる文から主語が落ちても言えることからわかります。これは「兼語式」では不可能なことです。
- 欢迎下次再来。(このつぎもぜひおいで下さい。)

・欢迎光临。（ようこそおいで下さいました。）
・欢迎参观。（ようこそ見学においで下さいました。）

"欢迎"のあとにくる動詞の主語は"欢迎"の主語とは別ということです。また，上の例からわかるように，"欢迎"の後にくる動作は未来のことでも，すでに実現していることでもかまいません。

▶▶ 希望 ◀◀

"希望"は英語の *hope* に似て，目的語となる文中の動詞は"能"を伴うことがあります。

・我希望你也能参加晚会。
　　（あなたもパーティーに参加できればと思っています。）
・我希望你明天能来。（あなたが明日来られたらと思っています。）
・我希望他能考上大学。（彼が大学に合格できたらいいなと思っています。）

また，つぎのように目的語となる文から主語が落ちることがあります。この場合，あとの文の主語は"希望"の主語と同じ場合が多いのですが，それ以外の場合もあります。

・他希望到边疆去工作。（彼は辺境地区へ働きに行くことを希望している。）
・我希望出国留学。（わたしは海外留学を希望しています。）
・我希望明天下雨。（わたしは明日が雨になることを願っています。）

▶▶ 要求 ◀◀

"要求"の文型は"希望"と同じで，目的語が動詞句の場合，その主語は"要求"の主語と同じであるときもそうでないときもあります。たとえば，

・丁力要求我和我唱歌。
　　（ティンリーはデュエットしようとわたしに求めた。）

という文から，"我"がおちて，

・丁力要求和我唱歌。（ティンリーはデュエットしようと求めた。）

となっても，"和我唱歌"するのは"丁力"の動作です。さらに，

・他要求延长一年。（彼は一年の延長を要求している。）
・他要求进步。（彼は進歩を求めている。）
・他要求入党。（彼は自らの入党を求めている。）

も同じように考えることができます。しかし，

・她要求让她走。(彼女は〔誰かが〕彼女を行かせることを求めた。)
といえば、"让她走"するのは"她"以外の誰かです。
　・我们要求尽快答复。
　　(わたしたちはできるだけ早く回答することを要求する。)
　・我们要求批准。(わたしたちは認めてくれるよう要求する。)
も同じケースです。

▶▶ 答应 ◀◀

　・爸爸答应我给我买手机。
　　(お父さんは携帯電話を買ってくれると〔わたしに〕承知した。)
　・她答应我和我一起去看电影。
　　(彼女はわたしといっしょに映画にいくと〔わたしに〕言った。)
上の文で、
　・爸爸答应给我买手机。
　・她答应和我一起去看电影。
のように"我"が省略されても、"给我买手机""和我一起去看电影"するのは、"爸爸"や"她"の動作です。
　"答应"はまれに兼語式をとることがあります。
　・她答应我去看电影。(彼女はわたしが映画を見に行くことを承知した。)
このとき"看电影"するのは、"我"で"她"ではありません。また、兼語式の場合は、"答应"のあとの動作主を省けません。ですから、目的語となる文から主語が落ちた場合、あとの動詞の主語は"答应"の主語と一致するということになります。これは、"欢迎"や"希望"とは違う点です。

▶▶ 同意 ◀◀

　"同意"も、目的語となる文から主語が落ちても、そこでの動作主は文頭の主語と一致します。
　・我父母不同意我们结婚。
　　(わたしの両親はわたしたちが結婚するのに反対だ。)
　・我父母不同意我一个人去。
　　(わたしの両親はわたしが一人で行くことに反対している。)
　・老张同意借给我一万块钱。

（チャンさんはわたしに一万円貸すことに同意した。）

▶▶ 決定 ◀◀
　"決定"は，
　・临时决定会议改在上午开。（急に会議が午前に変更になった。）
　・我决定不去了。（わたしは行かないと決めた。）
のように，文や否定詞を伴った動詞句を目的語にとることができますが，動詞句を目的語に取ることの方が多いでしょう。
　・我决定先去看看。（わたしは先に見に行くことに決めました。）
　・我们决定派你去。（わたしたちは君を派遣することに決めました。）
なお，
　・党委决定你去。（党委員会は君が行くことを決めた。）
のような，一見文を目的語にとるような文は，つぎのように"让"を補って考えるとわかりやすいでしょう。
　・党委决定让你去。（党委員会は君に行かせることを決めた。）

▶▶ 決心 ◀◀
　"決心"は，主に動詞（句）あるいは否定詞をともなった動詞句を目的語にとります。
　・他决心离婚。（彼は離婚を決意した。）
　・他决心不再去迪厅了。（彼はもうディスコへ行かないと決めた。）
　・看他那冷冰冰的样了，我决心不再去求他了。（彼のあの冷たい表情を見て，わたしはもうかれにお願いしないことに決めた。）

▶▶ 需要 ◀◀
　"需要"は「～することが必要だ」という意味で，文を目的語にとるほか，動詞句，形容詞句もよく目的語にとります。そのうち，あとの文に主語もそろっているのは，
　・这件事需要王经理亲自去办。
　　（この件はワン支配人が自ら行って処理しなければならない。）
　・准备工作需要王振再检查一下。
　　（準備の仕事はワンチェンが再点検することが必要だ。）

・这个问题需要再讨论一次。(この問題はもう一度討論しなければならない。)

のように抽象名詞が主語にきていることが多く，

・病人需要有人照顾。(病人には世話をする人が必要だ。)
・你需要休息。(君は休息が必要だ。)
・病人需要安静。(病人には静かな環境が必要だ。)
・这样的时候，特别需要冷静。(こういうときは，とりわけ冷静さが必要だ。)

のように，人が主語にくる場合は，あとには動詞句や形容詞がよくきます。

5. 動詞の連用

これまでは一つの動詞がどのような目的語をとるかということを詳しく検討してきましたが，以下では，動詞が連用されるいくつかのタイプをみてみましょう。動詞の連用には，大きく，

①同じ動作主の動作が続くもの——連動式

你过来看一下。(ちょっと来て見て下さい。)

②途中で動作主が代わるもの——兼語式

今天我请你喝酒。(今日はわたしがあなたにお酒をごちそうします。)

があります。

我陪你去吧。(あなたについて行きましょう。)

のように，見かけ上，あとの動作をいっしょにやるものがあり，これを「融合式」と呼ぶ人もいますが，連動式か兼語式のどちらかに属すと考えることにします。これについては"陪"や"找"のところでもう一度ふれます。

(1)連動式

① "来"や"去"との連動式

動詞をそのままのカタチで連用できるのは"来"や"去"など移動を表す動詞と組み合わさった時だけです。

・你们来吃饭吧。(ご飯を食べに来て下さい。)
・你来我家玩儿吧。(うちに遊びに来て下さい。)

・我去看看。(わたしが見に行きます。)
・我去图书馆借书。(わたしは図書館へ本を借りに行きます。)
このうち，"去"の方は，話し言葉ではしばしば文末に用いられます。
・咱们一块儿玩儿去吧。(いっしょに遊びに行きましょう。)
・我上班儿去。(わたしは仕事に行きます。)

②その他の連動式

動詞をいくつも続ける場合には，動詞に目的語やなんらかの補語，"了"や"着"といった接辞がつく必要があります。同じ主語の動作が続く文を連動式といい，以下のようないくつかのタイプに分かれます。

a) 動作が行われる順序に並ぶもの
・我开门进去了。(わたしはドアを開けて入っていった。)
・她笑着站起来对我说。(彼女はえみを浮かべて立ち上がりわたしに言った。)
感情を表す形容詞が後に続く場合もあります。
・我听了很高兴。(わたしはそれを聞いてとてもうれしかった。)
・她妈知道了一定会伤心的。
　　　(彼女のお母さんが知ったらきっと悲しむでしょう。)

b) 前の動作が後ろの動作の方式を表す場合
・用汉语怎么说？(中国語でどう言いますか。)
・你骑车去还是坐车去？
　　　(君は自転車で行きますか，それとも車で行きますか。)
・我们走着去吧。(わたしたちは歩いて行きましょう。)
・这不是闹着玩儿的。(これは冗談ではない。)
・烤着吃吧。(焼いて食べて下さい。)
"用""骑车""走着～"など英語では *by* や *in* などの前置詞で示すところですが，中国語では動詞の連用で表しています。

c) 後に否定形がくるもの
連動式の中には，後に否定形がくるものがあります。
・朋友有困难，能看着不管吗？
　　　(友達が困っているのに，〔見て〕放っておけますか。)
・她死死地抓着我不放。(彼女はしっかりとわたしをつかんで離さなかった。)

d) "有"をもつ連動式
・我们还有很多事要做。(わたしたちはまだたくさんすることがある。)
・我有几个问题想问问你。(わたしは君に聞きたいことがいくつかある。)
・她听了没有话说。(彼女はそれを聞いて言う言葉がなかった。)
・别看我们家穷，可是每年春节我和我弟弟都有新衣服穿。(わたしたちの家は貧しかったが，毎年正月わたしと弟には新しい〔着る〕服があった。)
・我觉得好像有很多话想跟你说，又好像什么也不用说。
　(わたしは君に言いたいことがたくさんあるような気がするが，一方では何も言う必要がないような気もする。)

中国語は基本的に前から後ろを修飾する言語ですが，上のような場合だけは，後から前を修飾していると考えざるをえません。この発想にもなれて下さい。

> 注　後ろから前を修飾するというのは"有"をもつ連動式以外でもあります。
> ・我找不到事做。(わたしはする仕事がみつからない。)
> ・我一直都找不出一句合适的话来形容那种感觉。(わたしはその気持ちを形容する適当な言葉をずっと見つけられない。)

以上は"有"の後の名詞が，その後の動詞の意味上の目的語であるケースでしたが，以下の例では，それ以外の抽象名詞が来ています。
・我没(有)工夫去看电影。(わたしには映画を見に行く時間がない。)
・我们有信心完成这项任务。(我々はこの任務をやり遂げる自信がある。)
・他们哪有权利批评我。
　(彼らにどうしてわたしを批判する権利があるのか。)
・我们当父母的有责任教育自己的孩子。
　(我々は親として子どもを教育する責任がある。)
・你有机会和中国人说话吗？
　(あなたは中国の人と話をする機会がありますか。)
・我实在没力气也没脸再追她了。(実際わたしにはそれ以上彼女を追いかける力も面子も残っていなかった。)

e) "陪"
"陪"は一般に融合式あるいは兼語式をとる動詞だと言われますが，連動式をとる動詞と考えていいと思います。
・要不，我陪你去吧。(なんならついて行ってあげようか。)

・今天小宋陪女朋友逛逛街。
　　　　（今日ソンさんはガールフレンドのショッピングのお供をする。）
　　・你先陪他说说话，我一会儿就回来。
　　　　（先にお相手してお話していて下さい。すぐもどってきますから。）
　これらでは後の動作をいっしょにしていますが，主体はあくまで文頭の主語です。さらに，
　　・你喝酒，那我陪你喝茶吧。
　　　　（あなたがお酒を飲むなら，わたしは一緒にお茶でお相手します。）
のように，完全に連動式とみなすべき用法もあります。
　f) "找"
　"找"についても"陪"と同じことが言えます。
　　・你找他商量商量。（彼と相談してみて下さい。）
　　・你找她聊聊。（彼女と話をして下さい。）
　　・我们找陈刚出去玩儿。
　　　　（わたしたちはチェンカンをさそって外へ遊びにでかけます。）
以上の例を兼語式にとる人もいますが，主体はあくまで文頭の主語です。以下の例ははっきり連動式です。
　　・你不应该找妻子撒气。（君は妻に八つ当たりしてはいけない。）
　　・我找王美丽要了一张照片。
　　　　（わたしはワンメイリーさんに写真を一枚もらった。）

(2)兼語式

①一般動詞の兼語式

　兼語式とは途中で動作主が換わる文のことです。なぜ兼語かと言いますと，
　　・今天小李请我吃饭。（今日はリーさんがわたしにごちそうしてくれます。）
という文で，"我"は"请"の目的語でもあると同時に"吃饭"の主語（動作主）をも兼ねているからです。そこで"我"を「兼語」といい，このような文を兼語式と呼ぶのです。
　もう一つ，例をみてみましょう。
　　・时间不早了，我送你回家吧。（時間も遅いですから，家まで送りますよ。）
この文で"你"は"送"の目的語であるとともに"回家"の動作主にもなって

います。これも典型的な兼語式の文です。
　以下，他の兼語式の例をみてみましょう。
・下面请王先生讲几句话。
　　（つぎにワンさんにごあいさつをしていただきます。）
・这次公司派你来学习的吗？（今回は，会社の派遣で勉強に来たのですか。）
・妈妈催我早点儿决定。（母はわたしに早く決めるよう催促している。）
・他们逼我承认错误。（彼らはわたしにミスを認めるよう迫った。）
・我劝他戒烟，他不听。
　　（わたしは彼に禁煙するよう勧めたが彼は聞こうとしない。）
・我劝你别多管闲事。
　　（わたしはあなたに余計なお節介をしないように忠告する。）
・我求你办一件事。
　　（わたしはあなたに一つやってもらいたいことがある。）
・我求你少说几句。
　　（わたしはあなたにへらず口をたたかないようお願いする。）
・她托我买飞机票。（彼女はわたしに飛行機のチケットを買うよう頼んだ。）
・大夫嘱咐我以后别抽烟。
　　（医者はわたしに今後たばこを控えるよう言いつけた。）
・妈妈吩咐我把屋子收拾好。
　　（母はわたしに部屋を片づけるよう言いつけた。）
　"劝""求""嘱咐""吩咐"のような発言を表す動詞に近いものは，上の例からもわかるように，後に禁止の副詞"别"や"少"等を伴うことができます。
　以下，兼語式をとる動詞のうち，大事なものをいくつか詳しくみておきましょう。

a）"请"
　"请"には大きく，
　　1）招く
　　2）〜するよう頼む
　　3）もてなす
の三つの意味があり，どれも兼語式をとることができます。この三つの意味は紛らわしいですが，いちおう区別をしておきましょう。

・李老师请我们去他家做客。
　　　　（リー先生はわたしたちに彼の家に遊びに来るよう誘った。）
　　・我们请了陆老师给我们讲演。
　　　　（わたしたちはルー先生を招いて，講演してもらうよう頼んだ。）
上の例のように，「招く」の"请"は"了"をとることができます。
　　・请他给评评理。（彼に是非を判断してもらおう。）
　　・请他们快进来。（彼らに早く入るよう言って下さい。）
これらは「～にお願いする」「～に～してもらう」という意味です。
　　・你还没请我喝茶呢。（君はまだぼくにお茶をごちそうしてくれてないよ。）
　　・明天我请你看电影。（明日君を映画に招待するよ。）
これは「もてなす」の"请"で，後にくる動詞句は，以上の例のように，お金を出してもてなす行為に限定されます。

　　b)"帮"
　　"帮"のつくる文は誰かが何かをするのを助けるというもので，基本的には兼語式です。
　　・我每天帮妈妈做饭。（わたしは毎日母が食事の準備をするのを手伝う。）
　　・我帮他做作业。（彼が宿題をするのを手伝う。）
　　・你帮我找找。（さがすの手伝って。）
これらでは，まだ「誰かが何かをするのを手伝って」います。しかし，
　　・我来帮你拿。（持つの手伝うよ。）
になると，全部持たされる可能性もないとはいえません。というより，誰かが何かをするのを手伝うということは，手伝い方の度合いによって，「かわりにする」ということまで含んでしまうからです。ほかにも，
　　・你帮我照张像，好吗？（かわりに写真をとってくれませんか。）
　　・你帮我寄封信，好吗？（かわりに手紙を投函してくれませんか。）
は，誰かが「写真をとる」「投函する」のを手伝うのですが，実際には「かわりにする」とも言えます。さらに，
　　・你帮我问一下。（かわりに聞いてくれませんか。）
　　・"小李，电话！""你帮我接一下。"
　　　　（「リーさん，電話。」「かわりに出てくれない。」）
　　・你帮我说说。（かわりに言ってくれない。）
になると，すでに連動式だといってもいいでしょう。

c）"给"

"给"も兼語式をつくることがあります。

・"给我看看。""不给你看。"(「見せて下さい。」「見せてあげない。」)

これは"我"に"给"(わた)して，"我"が"看"するということで「みせる」という意味になる特殊な兼語式です。所有権の移動しない"给"を使ったもので，したがって後の動詞はもの(時には声，音)をうけとったのちにするものです。

・给你尝尝。(味見させてあげる。)

・我本来想说给他们听，但是，说不出口。

（本当は彼らに話して聞かせたかったが，言い出せなかった。）

考えてみれば，中国語には英語の *show* のような「みせる」という動詞がありません。そのかわりに，このような複雑な構文がそれをになっているのです。

> 注 兼語式をつくる"给"は動詞です。前置詞との違いに注意しましょう。
>
> ・给我拿来。(持ってきてください。)
>
> で，"拿来"するのは，この文の主語で，"我"ではありません。これが前置詞の場合の"给"の理解です。もし，"给我看看"で，同じ解釈をすれば，「わたしのために見て下さい」ということになります。こういう場合もまれにあります。

d）"有"

兼語式にも"有"を含む文がありますが，連動式とは構造が違うので注意しましょう。たとえば，

・有人来了。(誰か来た。)

という文では"人"が"有"の目的語であって，同時に"来了"の動作主になっています。

『論語』の中の，

　　有朋自远方来 [有个朋友从很远的地方来了]（朋あり遠方より来たる）

はこのタイプの典型と言えます。こうした文は古文とはいいながら，現代中国人の口からもでるものです。ぜひ覚えて下さい。

さらに例をみてみましょう。

・刚才有人来找你，你不在。

　　(さっき君を訪ねてきた人がいたけど，君はいなかった。)

・我冷、饿，可是没人理我，也没人给我做饭。(寒くて，おなかがすいてい

たけど，わたしをかまってくれる人もなく，わたしにご飯をつくってくれる人もいなかった。)
・我有个弟弟在北京工作。(わたしには北京で働いている弟がいる。)
・中国古代有个寓言叫做"愚公移山"。
　(中国の古代に「愚公山を移す」という寓話がある。)

　日本語では「～という人がいる」と語順が反対になります。"有"ではじめる文の発想に慣れましょう。
　二番目の動詞句に形容詞がくるものもあります。
・老张有个女儿很漂亮。(チャンさんには美しいお嬢さんがいる。)
・张老师有个学生脑子特别灵。
　(チャン先生の学生には頭の回転がとりわけ速いのがいる。)

②使役動詞がつくる兼語式　[请／让／叫／要＋人＋V]

　上であげたのは，一般動詞で兼語式という構文をつくるものでした。中国語には英語の *make, let, have* 等に似て，もっぱら使役の構文をつくる兼語動詞があります。そのうち"请"がもっともていねいで，"让"と"叫"がそれに次ぎます。"让"と"叫"では"让"の方が語気がやわらかく，"叫"にはやや命令口調があります。同じ事を伝えるにも，ニュアンスの違いがあるわけです。ただ，日本語でその微妙な違いを訳し分けるのは困難です。今，以下の例で，試みに違いを出して訳してみました。
・请她马上就进来。(彼女にすぐに中に入るよう言って下さい。)
・让她马上就进来。(彼女にすぐ中に入ってもらって。)
・叫她马上就进来。(彼女にすぐ中に入るよう言って。)
もう少し例を補足しましょう。
・让我再想想。(わたしにもう少し考えさせて下さい。)

◇ "有"をもつ文3種

　"有"を持つ文3種をまとめておきましょう。まず，連動式に2タイプありました。
　連動式：有工作做　――"有"の後の名詞はその後の動詞の意味上の目的語
　　　　　有时间看书――"有"の後の名詞はその後の動詞と直接の関係がない。
　兼語式は一つです。
　　兼語式：有人说――"有"の後の名詞はその後の動詞の動作主

・我是想让你和我一起去。
　　（わたしはあなたにわたしといっしょに行ってもらいたいんです。）
・明天星期天, 我妈让你到我家去玩儿。(明日は日曜日だから, 母が〔あなたに〕うちへ遊びに来るよう言っています。)
・老师叫你赶快过去。(先生が君に急いで来るようにと言っています。)

　日本語に訳すと「～させる」だけでなく,「～してもらう」「～するよう言う」にまで対応していることがわかります。この「～に～するよう言う」という命令文の間接化は, (4)でより詳しくみます。
　"要"は「求める；要求する」ということで, "请""让""叫"より実質的な意味が強くなっています。
・有什么要我帮忙的吗？
　　（何かわたしに手伝ってもらいたいことはありますか。）
使役の否定は, ふつう"让"や"叫"を否定します。
・"你怎么了？""我老婆不让我进去。"
　　（「どうしたの。」「女房が中に入れてくれないんだ。」）
後に否定形がくる一つのタイプは,
・这个孩子总叫人不放心。(この子はいつも人を心配させる。)
のように, "不放心"全体が一つの形容詞のように機能している場合です。
　もう一つは, 後の動詞句に可能補語などが含まれる場合です。
・我要叫他开不成后门。
　　（わたしはあいつに裏口を開けられないようにしてやる。）
・有一件事压在我心里, 让我永远轻松不了。(ある事件が心にのしかかっていて, いつまでも気持ちが軽やかにならない。)
両者とも積極的な動作ではなく, 一種の状態表現が来ているといえるでしょう。

③その他の兼語式
　兼語式には, このほか次のようなタイプがあります。
　a) 評価を表すもの
・谢谢你特意来接我。
　　（わざわざわたしを迎えにきて下さってありがとうございます。）
・谢谢你提醒我。(ご注意ありがとうございます。)
これらでは, 感謝する理由を後に述べています。

・妻子埋怨丈夫不务正业。(妻は夫が正業に励まないのを恨んでいる。)
・都怪我胡涂。(すべてわたしがうっかりしていたのが悪い。)
・她嫌我脏。(彼女はわたしが汚いのをいやがっている。)

b) 呼称を表すもの

このタイプも兼語式にいれることがあります。

・别这么叫，就叫我小红吧。
　(そんなふうに呼ばないで，わたしをシアオホンと呼んで下さい。)
・你可以称呼她李夫人。(彼女をリー夫人と呼ぶといいですよ。)

> 注　・我叫小红。(わたしはシァオホンといいます。)
> と，
> ・你就叫我小红吧。(わたしをシァオホンと呼んで下さい。)
> の"叫"は意味が違います。前者は「〜という」という意味ですが，後者は，「誰かを〜と呼ぶ」ということです。前者は状態を表す動詞で命令文になりませんが，後者は動作を表し命令文になります。

(3) 兼語式＋連動式

現実には兼語式と連動式が合わさっている場合がたくさんあります。いくつか例をあげておきましょう。

・我妈让我来看看你。(母がわたしにあなたを見に行くよう言いました。)

前半は兼語式，後半は連動式です。

・他请我坐下，给我倒了一杯茶。
　(彼はわたしに席をすすめ，わたしにお茶を一杯いれてくれた。)

前半は兼語式，後半は連動式になっています。

(4) 使役の動詞を使った命令の間接化

中国語の使役の構文は，命令の間接話法の役割も果たしています。誰かに何かをさせるということは態度でも示すことができますが，多くはことばによることを考えれば納得がいくでしょう。

・周老师叫你马上就去。(チョウ先生があなたにすぐ来るよう言っています。)
・我妈让我来看看你。
　(母がわたしにあなたを見に行くように言いました。)

・校长让我向您问好。（校長があなたによろしくとおっしゃっていました。）
・等她回来，让她给我回个电话吧。
　　（彼女が帰ってきたら，わたしに電話をするよう言って下さい。）
・这是老刘让我带给你的。
　　（これはリウさんからあなたに渡すよう言われたものです。）
・我叫你休息，你怎么还在这儿？
　　（休むようにと言ったのに，君はどうしてまだここにいるんだ。）

以下は応用です。

・小林不是让你去吗？你快去吧。
　　（リンさんはあなたに行けと言ったでしょう。はやく行きなさい。）

これは反語の形式になっています。

・你爸爸叫你别去了。
　　（あなたのお父さんはあなたに行くなと言っています。）

"叫"の後に否定の副詞がきています。これはちょうど，上で見た"劝""嘱咐"の類を連想させるものです。つぎの二例もいざ言おうとするとなかなか言えるものではありません。

・叫你别干，你就别干嘛。（やるなと言ったらやるんじゃない。）
・你叫我干什么，我就干什么。
　　（わたしはあなたがやれと言われたことをします。）

以上はすべてことばによる命令の伝達でしたが，言語活動が介在しないものもあります。

・那个姑娘招手叫我进去。（その娘はわたしに中に入るよう手招きした。）
・她挥了挥手,让我快走。（彼女はわたしにはやく立ち去るよう手を振った。）

こうした"叫""让"による命令の間接表現を使いこなせると，中国語の表現力が急に*up*することは確実です。

動詞と結果補語

1. 中国語動詞の性格と補語の役割

(1)中国語の動詞は結果にあまり関心がない？

　日本語でも「見る」と「見える」,「さがす」と「みつける」,「(大学を)受ける」と「(大学に)受かる」のように,別の語で動作と結果を分けることがありますが,中国語ではこれを動詞と(その後にくる)結果補語の組み合わせで示します。たとえば,

　　看（見る）　　⟶　看见（見える）
　　找（さがす）　⟶　找到（みつける）
　　考（受ける）　⟶　考上（受かる）

のようにです。中国語の"看"は「見る」という意識的な行為だけで,「見えた」かどうかまではわかりません。そこで,「感覚的にとらえる」ことをあらわす結果補語の"见"をつけて"看见"というのです。したがって,次のようにいうことが可能です。

　・我看了，可是没看见。（わたしは見たが見えなかった。）

他の語についても,

　・我找了半天，没找到。（ずいぶんさがしたが,見つからなかった。）
　・她考了五个大学，都没考上。
　　　（彼女は大学を五つ受けたが,どれも受からなかった。）

のように言うことができます。

(2)"记"=「覚える」,「覚えた」="记了"？

　なかには,日本語からなかなか想像のつかないものもあります。たとえば,「覚える」は"记"ですが,

　　记了吗?

では「記録したか」という意味になり,「覚えたか」と言おうとすると,

　　记住了吗?

と"住"をつけて言わなくてはなりません。"记住了"の"住"は「(記憶に)とどめる」ことを表す結果補語で,"记住了"は「覚えた」ことであって,「しっ

> ◇ "记"
> 　"记"という動詞は大きく「記憶する」「記録する」の二つの意味がありますが，それぞれつぎのように，取る補語に違いが見られます。
> 　　記憶する：記住　　 －　　　 －　　 記在　記错　记清楚
> 　　記録する：　 －　 　记上　 记下来　记在　记错　记一下

かり覚えた」と「しっかり」をつける必要はありません。
　もちろん，すべての動詞がこうというわけではなく，
　・我吃了。
　・我说了。
などは，これだけでその動作が実現したことを示します。ただ，もし「終わった」ということを強調するときは，
　・我吃完了。
　・我说完了。
と，あとに，これも結果を表す補語の"完"をつけて言います。日本語でいちいち「～終わる」と言わないときでも，中国語では"完"をつけることがありますから，よく注意してみてください。たとえば，
　・电影七点钟才开演呢，咱们吃完饭再去也不晚吧。(映画は七時に始まるから，ご飯を食べ〔終わっ〕てから行っても遅くないでしょう。)
　・寄完信，我顺便去商店买点儿东西。
　　（手紙を出し〔終わっ〕たら，わたしはちょっと店に買い物に行く。）
という文で，日本語は必ずしも「～終わる」というところを言わずにいうのではないでしょうか。
　逆に，「わかった」と言うときは，もちろん"懂了"だけでも使えるのですが，「聞いてわかった」なら
　　听懂了。
「見てわかった」なら
　　看懂了。
のように，動作と結果を分けて言うことがしばしばあります。
　　有一次我喝醉了酒，住在朋友那儿了。
　　　（あるときわたしはお酒に酔って，友だちのところに泊まった。）
も，"醉了"だけでもいいのですが，しばしば，「飲んで酔っぱらった」と表現

します。「会議は終わりましたか」でも，「会議をする」という動詞"开"をつけて，

　　会开完了吗？

と言うのが自然です。

　　他摇开了车窗。

でも，日本語なら「窓を開けた」で終わりですが，中国語は「（回転式のハンドルをまわして）開けた」と表現しています。中国語を読む場合には，動作と結果に関心を払うようにしましょう。

(3) 結果補語はだれの動作？

　　我说的话，你都听懂了吗？

　　　（わたしの言うことが，すべて聞いてわかりましたか。）

では，"听"するのも"懂"するのも"你"の動作ですが，動詞によっては，結果補語の表すものが，主語ではなく目的語の方である場合があります。たとえば，

　　武松打死了一只老虎。（ウーソンは一匹の虎を殴り殺した。）

という文において，"打"するのは"武松"ですが，"死"するのは"老虎"の方だという具合にです。ちなみに，この"(我)打死(你)"というのは，"讨厌"（いやらしい）とならんで，子どもなどが最初に覚えるののしりことばの一つです。

　　弟弟不小心碰倒了一个灭火器。

　　　（弟はうっかり消火器にぶつかってたおした。）

でも，"碰"するのは"弟弟"ですが，"倒"するのは"灭火器"ということになります。

　　弟弟把爸爸哭醒了。（弟が泣いてお父さんの目を覚まさせた。）

の"哭"は動作性の弱い動詞ですが，このように言うことができます。「弟が泣いた結果 → おとうさんが目を覚ました」のです。

　中国語の力を高める上で，次章で述べる方向補語とともに，結果補語は大きなカギとなるものです。

2.「動詞＋結果補語」の勉強法

　以下，まず常用される基本的な結果補語を勉強し，さらに一歩進めて，より広く結果補語を勉強しますが，その前にひとつ結果補語の勉強法についてお話ししておきましょう。結果補語を勉強する場合大事なことは，まずそれぞれの結果補語がどんな意味を動詞に添えているかをつかむことですが，それぞれの動詞と結果補語との組み合わせがどんな意味になるか，最初はなかなかわからないものです。たとえば，

　　　你吃好了吗？（充分めしあがりましたか。）

という例文が出てきて，"好"は「とどこおりない状態になる」と習っても，

　　・你想好了吗？
　　・你说好了吗？
　　・你学好了吗？

がどのような意味を表しているか，最初はなかなかわかりません。そもそも，動詞と結果補語の組み合わせは辞書にのっていないことが多いのです。それは，この組み合わせが単語ではなく，一種のフレーズ（連語）と考えられているからです。日本でつくられた中日辞典は，日本人学習者に配慮して常用されるものについてはのせているものもありますが，中国の辞書では基本的に動詞と結果補語の組み合わせはのせていません。この組み合わせがどういう意味になるか，中国の人々は教えられなくてもわかるからでしょう。

　動詞と結果補語の組み合わせがどういう意味になるかは，自分で場面をふよ

◇ "〜在、〜给"は結果補語？

　文法書によっては，これらを結果補語として説明しているものもありますが，動詞と結果補語というのは，基本的にあいだに"得""不"をいれて可能表現（可能補語）をつくることができます。しかし，"〜在、〜给"は間になにもいれることができません。結果補語とは性格が異なるといわざるをえません。また，これらを介詞とみる立場もありますが，介詞フレーズは基本的に動詞より前にくるものですし，"〜在"では，

　　　他把花瓶放在了桌子上。（彼は花瓶を机の上に置いた。）

のように，あとに"了"を入れる例がときおりみられます。介詞フレーズだとこんなことは不可能なことです。

えた例文に多く出会うことが必要で，ある程度年季がいります。

　前置きが長くなりました。さて,以下,結果補語を【ステップ1】から【ステップ3】の順にみていきましょう。ここでステップを三つに分けたのは，筆者の考える重要度の高いものから並べたということです。【ステップ3】はいわば「雑，その他大勢」の類です。

　筆者は，このうち"～在、～給"を複合動詞とみているのですが，結果補語のところでいっしょに説明した方が便利なので，ここにいれておきました。

3. 結果補語の諸相

　【ステップ1】ほぼ入門のテキストに出てくるもの。
　　　～好　～完　～懂　～見　～到　（～在）（～給）ほか
　【ステップ2】ほぼ入門から中級レベルにおいて出てくるもの。
　　　～上　～下　～住　～着 zháo　～开　～成　～会　～走　～跑
　【ステップ3】その他特に注意を要するもの。
　　　～倒 dào　～反　～够　～膩　～坏　～慣　～透　～齐　～死

(1)ステップ1

　　～好　～完　～懂　～見　～到　（～在）（～給）ほか

▶▶ 好 ◀◀

とどこおりなく動作が行われることを表します。
・我已经吃好了。吃不下了。
　　（わたしはもう十分いただきました。もう入りません。）
　　　注　"吃好了"というのはちょっと上品な言い方で,友だち同士なら"吃饱了。"でいいでしょう。また,「お酒」なら,"喝好了"と言います。

・交给张老师的作文写好了吗？

(チャン先生に提出する作文は書き上げましたか。)
"写好"は「ちゃんと書いた」ということです。
 ・我的皮鞋,你擦好了没有？（ぼくの革靴きちんと磨いてくれましたか。）
これはわかりやすいでしょう。
 ・"你想好了吗？""还没想好呢。"
　　　（「考えはまとまりましたか。」「まだまとまりません。」）
これは少し難しいですが,「考えがまとまる」ということです。
 ・我已经跟他说好了,你去了就行。（わたしはもう彼と話がつけてあります。あなたは行くだけでいいんです。）
"说好"は「話がまとまる」ことです。"说好了"は,このほか,なにかを約束する場合にも「約束したよ」という意味で使います。たとえば,
 ・说好了,明天九点在学校门口儿见面。
　　　（決めたよ。明日は9時に学校の門のところで会おうね。）
 ・学好汉语可不容易呀。（中国語をマスターするのは本当に容易ではない。）
"学好"は「マスターする；習得する」という意味です。
 ・钥匙你拿好,别丢了。（鍵はなくさないようちゃんと持って。）
"拿好"は「ちゃんと持って」ということで,よく耳にすることばです。
 ・请扶好！（ちゃんとつかまって。）
バスの中などで耳にすることばです。"扶"は「中国語の動詞」のところにも出てきました。
 ・站好,别动。笑笑。（ちゃんと立って,動かないで,笑って。）
写真をとる場面です。こういうふうに,手や体全体を使って行う動詞では,"～好"は命令文に使えますが,"吃好"から"学好"はできません。

▶▶ 完 ◀◀

動作の完了を表す場合と,動作によってものがなくなる場合があります。
 ・"你吃完饭了吗？""快吃完了。"
　　　（「ご飯は食べましたか。」「もうすぐ終わります。」）
 ・文章写完了。你帮我看看。（文章を書いたので,見て下さい。）
 ・你的话说完了吗？（あなたの言いたいことは終わったの。）
 ・这本书,你看完了吗？（この本は読みましたか。）
 ・这个课本你学完了吗？（このテキストは終わりましたか。）

これらは動作が終わる場合です。こうした例をみていますと，日本語では，動作か結果のどちらかしか言わないことが多いことに気づきます。

以上の例は動作が「終わる」場合でしたが，
・卫生纸快用完了。（トイレットペーパーがもうすぐなくなる。）
・钱已经用完了。（金はもう使い果たした。）
・我的糖吃完了。（あめは食べ終わったよ。）
・票早就都卖完了。（チケットはとっくにすべて売り切れた。）
の"〜完"は，動作の結果ものがなくなる場合です。

▶▶ 懂 ◀◀

「〜してわかる」という意味で，これは組み合わせに制限があり，"听"と"看"との二つの組み合わせを覚えておけばいいでしょう。

◆比較◆　"〜好"　"〜得好"

一般に"〜好"は結果補語，"〜得好"は状態補語に分類されますが，ともに「とどこおりない状態」を表し，意味が近いので，どちらを使うかよく迷います。しかし，両者にははっきりとした違いがあります。

{ 吃好了吗？（十分めしあがりましたか。）
{ 我最近吃得很好。
　　　（わたしは最近いいものを食べている。／栄養がとれている。）

全然意味が違います。

{ 你想好了吗？（考えがまとまりましたか。）
{ 你想得很好。（いい考えだ。）

後者は内容にまでかかわっています。

{ 你说好了吗？（話はまとまりましたか。）
{ 你说得好。（上手にしゃべる；いいことを言う。）

後者は，
　　你汉语说得很好。（あなたは中国語を話すのがうまいですね。）

のような表面的なうまさにも，
　　你说得对，说得好。（そのとおりです，いいことを言いますね。）

のように，内容的なすばらしさにも使えます。

{ 文章写好了。（文章はちゃんと書けました。）
{ 文章写得很好。（文章はよく書けている。）

後者は「いい内容のものを書いている」という意味です。

・我说的话，你都听懂了吗？（私の話は全部聞いてわかりましたか。）
・这本书，你都看懂了吗？（この本を全部見て分かりましたか。）

> 注 いわゆる可能補語と言われるものと，結果補語はまぎらわしいものです。"听得懂"と言えば，「聞いてわかる」という能力をあらわしているのに，"听懂了"は「聞いてわかった」と，すでに完了した動作を表しています。後者は一回限りのことを聞くときに使われます。

▶▶ 见 ◀◀

動作の結果，感覚的にとらえることを表しています。組み合わせは限られていて，よく出てくるのは"看"と"听"の二つです。まず，"看见"から。

・我在路上看见小周了，不过没打招呼。
　（わたしは道でチョウちゃんを見かけたけど，声はかけなかった。）

　汉语学好了。（中国語はマスターした。）
　他汉语学得很好。（彼は中国語がよくできる。）

後者は学習法や学習の姿勢がよいということではなく，「よくできる；成績がよい」ということです。

このように，結果補語の"～好"はある動作がとどこおりなく行われたことを表しているのに対し，状態補語の"～得很好"は，動作の表面的なすがたから，内容にまで踏み込んだ評価を表しています。

ただし，次のような動詞では，結果補語の"～好了"は肯定形ではあまり使われず，その代わりに状態補語が選ばれ，"～好"の方はむしろ否定形でよく使われます。以下の例を比較してください。※△はあまりふつうでないことを示す。

　你昨天睡得好吗？（昨日はよく眠れましたか。）
　△你昨天睡好了吗？
　昨天我没睡好。（昨日はよく眠れませんでした。）
　他唱得很好。（彼は歌がうまい。）
　△他唱好了。
　他没唱好。（彼はうまく歌えなかった。）
　"考完了吗？""考完了，这次考得不好。"（「試験は終わりましたか。」「終わりました。今回はよくできませんでした。」）
　△考好了。
　没考好。（よくできませんでした。）

・屋里黑，什么也看不见。（部屋の中は真っ暗で何もみえない。）
・眼睛看不见了，怎么办？（目が見えなくなったら、どうしよう。）

"看"は「意識的に見る」ことで、見えたかどうかまではわかりません。それに対し、"看见"は「目にうつる；見える」ことです。なお、"看不见了"は「見えなくなった」ことで、"了"は変化を表しています。

・我叫了他几次，他才听见。（わたしは何度か呼んで、彼はやっと聞こえた。）
・你听见没有？（わかったの。）

これも同じで、"听"が意識的に聞く動作であるのに対し、"听见"は「聞こえる」ことです。最後の例は、なにかを言ったあとに、「わかったか」と念を押すときに使う常套文句です。

これ以外では、"闻见""碰见""遇见""梦见"があります。

"闻见"は上の"看见""听见"に対応するもので、"闻"が意識的な動作で「かぐ」、"闻见"が感覚的に鼻でとらえる「におう」という意味です。しかし、実際には"闻见"よりは"闻到"の方がよく使われます。

　一进门就闻到一股香味儿。（中に入るとぷ～んといい匂いがした。）

◆比較◆
1 「動詞＋"完"」の二つの側面
　同じ、「動詞＋"完"」の組み合わせでも、二通りの可能性があります。次の例を比べてみましょう。
　　卫生纸快用完了。（トイレットペーパーがもうすぐなくなる。）
　　剪刀你用完了，交给我。（はさみを使い終わったら、私に下さい。）
前者は「なくなる」ことですが、後者は単に動作が終わることです。

2 "～好"と"～完"
　次の例で考えてみてください。"～完"は動作が終わっただけですが、"～好"はいい結果が出ていることです。
　　"考试考完了吗？""考完了，不过这次没考好。"（「試験は終わりましたか。」「終わりました、でも今回はよくできませんでした。」）

なお、単にものがなくなることを表すものとして、"～光"があります。
・用光了。（使い果たす。）
・吃光了。（食べ尽くす。）
といえば、どちらもものがなくなったことを意味します。

"碰见"と"遇见"は「(ばったり) 出会う」ことで, "碰见"の方が"遇见"より口語的です。

今天我在车上碰见[遇见]王建了。(今日バスでワンチェンさんにあった。)
この二つはまた, "碰到""遇到", "碰上""遇上"となることもあります。

"梦见"は, かたちは"～见"となっていますが, この仲間かどうかは疑問です。なぜなら, 現代語では, "梦"だけでは単独で動詞としては使えないからです。全体で一語とみるべきものでしょう。

昨天我梦见你了。(昨日君が夢にでてきた。)

▶▶ 到 ◀◀

非常によく使われる結果補語で, 「時間的, 空間的な到達」そして「抽象的な到達, 達成」を示します。以下, 三つに分けて説明していきましょう。

a) 空間(場所)的な到達の例
・我打电话的时候, 他已经回到家了。
　　(わたしが電話をしたとき, 彼はもう家に帰っていた。)
・我跑到学校去了。(わたしは走って学校まで行った。)
・这个洗衣机可以送到我家吗？
　　(この洗濯機をわたしの家まで配達してくれますか。)

"回家"では, まだ家に帰り着いたかどうかわかりません。"回到家"となってはじめて「家に着いた」と言えます。

・我们上次学到第八课了。(前回は第8課まで勉強しました。)
・我数到一你就开枪。五, 四…
　　(おれが一まで数えたらおまえは銃を発射するんだ。5, 4…)

b) 時間的な到達の例
・我今天一直睡到十点才醒。
　　(わたしは今日ずっと寝ていて10時にやっと起きた。)
・昨天星期六, 我们在宿舍聊到很晚。
　　(昨日は土曜日で, わたしたちは宿舎で遅くまでおしゃべりをしていた。)
・这是关系到子孙后代的大事。(これは末代まで関係する大事である。)

前の二例は, どちらの場合も日本人はすぐ, "到"を動詞のすぐ後ろに置かず, 前に置いてしまいがちです。この点に特に注意しましょう。たとえば, 「十時まで寝る」を,

我今天到十点睡。

と言うと、「十時になったら寝る」となって、まるで意味が違ってしまいます。

　　　△我到学校跑了。

も、苦しい文ですが、無理に解釈すれば「学校に着いてから走った［逃げた］」という意味になります。

　　また、"到"のあとは、ふつう「時刻」がくるのですが、"聊到很晚"のように例外的に形容詞が来る場合があります。

c）抽象的な意味での到達の例

　　この中もいろいろです。

・是吗？我没注意到。（そうですか。わたしは気がつきませんでした。）
・真没想到你今天会来。
　　（あなたが今日来るとは本当に思ってもみませんでした。）

これらの例では、「注意が至らなかった」「思い至らなかった」ということで、まだ「到達」で説明できます。

・你见到张老师了吗？（チャン先生に会えましたか。）
・"这本书现在还能买到吗？" "听说已经卖完了。"
　　（「この本は今でもまだ買えますか。」「もう売り切れたそうです。」）
・这一点我怕做不到。
　　（この点はわたしはできないのではないかと心配しています。）

これらの組み合わせは可能を表していて、「会えた」「買えた」「なしとげられない」ことを表しています。

・"工作找到了吗？" "还没呢。"（「仕事は見つかりましたか。」「まだです。」）
・你的来信，早就收到了。（あなたのお手紙はとっくに受け取っています。）

この二つが表しているのは動作の達成で、"找到"は、"找"（さがす）した結果「みつかった」ことを表し、"收到"は「受け取った」結果を表しています。単に「受け取る」ことを期待するだけなら"收"で、手紙の宛名は単に、

　　　〇〇收

とだけ書きます。もうひとつ。

・"这是你的吗？" "对，是我的，谢谢你，你是在哪儿捡到的？"
　　（「これはあなたのですか。」「そうです。わたしのです。ありがとう。どこでひろったのですか。」）

この場合は、「偶然性」を表しています。

> 注 "见""买""找""收""捡""够"につく"到"はすべて"着"zháoに置き換えが可能です。"着"zháoは北方の口語です。

d)"～到"＋文

"到"のあとには，文がくることがあります。
- 我在外边儿一直站到天亮。
 (わたしは外でずっと夜が明けるまで立っていた。)
- 我和刘风在麦当劳坐到他再也喝不下任何一种水。(わたしとリウフォンはマクドナルドで，彼がもうどんな飲み物も飲めなくなるまでいた。)

▶▶ "在"＋場所 ◀◀

"V在"は動詞によって二つのケースがあります。
1) ある状態である場所に存在する。
2) ある動作の結果，ある場所に存在する。

動詞によって，2)しか表せないものと，1)も2)も表せるものがあります。たとえば，
- 他躺在床上看杂志呢。(彼はベッドに横になって雑誌を読んでいます。)
- 他坐在沙发上养神呢。(彼はソファーに座って体を休めています。)
- 小王站在舞台上。(王くんは舞台の上に立っています。)
- 你住在哪儿？(あなたはどこに住んでいますか。)

のような，ある一定状態を維持するような動詞は，第一義的には1)を表し，ある種の文脈があってはじめて2)の意味を表します。ある種の文脈というのは，たとえば，
- 你今天住(在)我这儿吧。(今日はわたしのところに泊まっていって下さい。)
- 你坐（在）这儿吧。(ここに座って。)

のような命令文に用いられたり，
- 他走进门来，坐在沙发上，再也站不起来了。(彼は部屋に入ってきて，ソファーに腰をおろすと，もう立てなくなってしまった。)

のように，他の動作につづくような文脈で使われている場合です。

これに対し，2)のグループの動詞は，2)の意味しか表せません。たとえば，"放"という動詞は「おく」ということで
- 钥匙放在哪儿？(鍵はどこに置くの。)

は,「どこに置くか」であって,「どこに置いてあるか」ではない,ということです。もし,「どこに置いてあるか」と言いたいなら,

・钥匙放在哪儿了？（鍵はどこに置いたの。）

と"了"をつけなくてはいけません。その他の例。

・被子掉在楼下了。（掛け布団は下に落ちてしまった。）
・球砸在我的背上了。（球はわたしの背中にあたった。）
・他跳在水里了。（彼は水の中に飛び込んだ。）

本来なら"在〜V"に用いられるはずの"生""长""死"も,例外的にこの文型で用いることができます。

・你生在哪儿？长在哪儿？
　　（あなたはどこで生まれて,どこで育ったのですか。）
・死在哪儿还不一样？（どこで死のうと一緒じゃないか。）

▶▶ "给"＋人（ものの移動先を示す）◀◀

"V给"は対象の移動先を示す表現です。ここにくるVには,本来二重目的語をとる動詞と,二重目的語はとらないけれども,"给"をつけることによって,移動先を示す場合の二つのケースがあります。2章でも述べましたが,二重目的語をとる動詞は,必ずしも目的語をふたつ後ろにとるわけではありません。むしろ,"V给"でも,移動先だけがくるのがふつうです。

a）二重目的語をとる動詞

・你把笔借给我用用。（ペンを貸して［使わせて］下さい。）
・"你用完了，借给我吧。""好，再等一会儿吧。"
　　（「使い終わったら貸して下さい。」「はい,もう少し待って下さい。」）
・这本书，我送给你做纪念。（この本は記念に差し上げます。）
・你愿意学，那我教给你。（習いたいならお教えしましょう。）
・请你把这包交给李华吧。（このつつみをリーホアさんに渡して下さい。）
・请把酱油递给我。（醤油をとってください。）
・用完了，马上就还给你。（使ったら,すぐあなたに返します。）

"借"は「借りる；貸す」の意味がありましたが,"借给"となると,モノの移動を表していますから,「貸す」でしかありません。"送"もいろんな意味がありましたが,"送给"となると「あげる；プレゼントする」に意味が固定されます。また,最初の文は,日本語に直訳すると「貸して使わせて」となり,

くどいようですが，中国語ではこのように，よく兼語式にして使います。
b) **本来二重目的語を取らない動詞**
・照片洗出来了，寄给你。（写真を現像したら，あなたに送ります。）
・你要，我可以卖给你。（あなたがほしいなら，あなたに売ってもいいですよ。）
・请你把这儿的情况介绍给我。（ここの様子をわたしに教えて下さい。）
・前几天写给你的信，收到了吗？
　　（先日あなたに書いた手紙は受け取りましたか。）
・刚才的电话是打给谁的？（さっきの電話は誰にかけたの。）

"介绍"という動詞について言うと，"介绍我"では「わたしを紹介する」ことになってしまいます。"介绍给〜"となってはじめて紹介の相手を示せるのです。もっとも，これは前置詞の"给"を使って，
・我给你介绍一下。（あなたに紹介します。）
とも言えるのですが。

c) **複雑な連動式をつくる場合**
　上でも出しましたが，「"〜给"＋人」はうしろにさらに動詞をともなって兼語式の文をつくります。この文型は使えると非常に便利なものです。
・小姐，请把那个花瓶拿给我看看。
　　（すみません，その花瓶を〔取って〕わたしに見せて下さい。）
・我不认识字，你把报纸念给我听听。
　　（わたしは字を知らないので，新聞を読んで聞かせて下さい。）
・好，现在我说给你听听。
　　（分かりました。今あなたにお話して聞かせましょう。）

▶▶ 〜形容詞 ◀◀

　結果補語には形容詞もきます。そのうち，よく使うものをいくつかみておきましょう。
a) 〜多　〜晚　〜早
　この三つは結果補語として使われると，「行き過ぎ」のニュアンスを示します。
・"对不起，我来晚了。""你等半天了吧？"
　　（「すみません，おそくなりました。」「ずいぶん待ったでしょう。」）

"来晚了"は「遅く来すぎた」ということです。"迟到了"とも言えますが，これは「遅刻した」にあたります。

・还不到九点，我们好像来早了。
　　（まだ9時になっていない。どうも早くついたようだ。）
これは「早く来すぎた」ということです。
・"今天我有点儿喝多了。""没关系，住我这儿吧。"（「今日は少し飲み過ぎました。」「大丈夫，うちで泊まっていって下さい。」）
"～多了"は以下のように広く応用がききます。
・今天我有点儿吃多了。（今日は少し食べ過ぎました。）
・今天我有点儿说多了。（今日は少ししゃべりすぎました。）
・今天我有点儿看多了。（今日は少し見過ぎました。）

> 注　"～多了"は「～しすぎた」ということですが，可能補語のカタチの"～不多"はマイナス評価がありません。
> ・我喝不多，一喝就上脸。
> 　（わたしはたくさん飲めません，ちょっと飲むとすぐ顔に出ます。）

b) その他の形容詞：～错　～清楚
・"怎么了？""我走错路了。"（「どうしたの。」「道を間違えてしまいました。」）
・说错了不要紧，你大胆说吧。
　（言い間違えても大丈夫，思い切って話しなさい。）
・我没听清楚，请再说一遍。
　（はっきり聞こえませんでした，もう一度言って下さい。）
"～错了"も応用ができます。
・念错了。（読み間違えた。）
・写错了。（書き間違えた。）
・看错了。（見間違えた。）
・拿错了。（取り間違えた。）
・找错门了。（訪ね先を間違えた。）
・弄错了。（間違えた。）
最後の"弄"は具体的な動作を問題にせず，「(なにかした結果)間違った；失敗した」という時に使います。
　"清楚"もいくつか例を挙げておきましょう。
・你看清楚了吗？（はっきりみましたか。）
・你记清楚了吗？（はっきり覚えましたか。）
・你说清楚！（はっきり言いなさい。）

・我把事情问清楚。（わたしは事の次第をはっきり聞く。）

▶▶ 動詞＋結果補語（形容詞）の命令文 ◀◀

中国語の形容詞は，
・慢一点儿。（ゆっくり！）
・具体点儿。（具体的に。）
・简单点儿。（簡単に。）
・快点儿。（急いで！）

のように，"一点儿"をつけて命令文をつくりますが，それは形容詞が補語になった場合でも同じです。
・你说慢一点儿。（ゆっくり話してください。）
・你讲具体点儿。（具体的に話してください。）
・你写简单点儿。（簡単に書いてください。）
・走快点儿。（速く歩いて。）

結果補語の中には，この"一点儿"なしで命令文をつくるものもあります。
・大家坐好！（ちゃんと座って下さい。）
・站好，别动，笑笑。照啦！
　　（動かないで，ちゃんと立って，笑って，〔写真を〕取るよ！）
・同学们，准备好！（みなさん，準備して。）

同じ"～好"でも，命令文になるのは，体の動きを表す動詞の場合で，"吃好""说好"などはふつう命令文をつくれません。

(2) ステップ2

　　～上　～下　～住　～着 zháo　～开　～成　～会　～走　～跑

ステップ1より，もう一歩進んだ結果補語をみてみましょう。

▶▶ 上 ◀◀

"上"は本来方向補語ですが，その派生義が重要なので，文法書によっては結果補語として扱うことがあります。本書でもそうしています。

結果補語としての"上"の意味については，文法書によっていくつも意味・

用法が書いてあるものがありますが，その基本義は「付着：なにかにくっつく，付着する，ぴったりつく」ことでほぼ説明できると思います。あまりいくつにもわけると，逆にわけがわからなくなってしまうので，こういう場合はなるべく基本となる意味をひとつ覚えて応用するのがいいと思います。

・请把门关上。（ドアを閉めて下さい。）
・请大家把书合上。（みなさん本［テキスト］を閉じて下さい。）
・你闭上眼睛想一想。（目を閉じて考えて下さい。）
・外边儿很冷，你穿上大衣吧。（外は寒いからコートを着たら。）
・请在这儿写上你的名字。（ここにあなたの名前を書いて下さい。）

これらはどれも「付着」が一番ぴったりする例です。「ドアをピタッとしめる」「本［テキスト］をピタッと閉じる」「目をピタッと閉じる」「服を着る」「書き付ける」。同じ「閉じる」でも，本と目では動詞が異なることに注意してください。また，「服を着る」は英語でいえば *put on* で，"上"が *on* に対応しています。ついでに，"写上"が「書き付ける」のに対し，"写下来"は「書き残す」でニュアンスは異なります。さらに例を見ていきましょう。

・现在走，恐怕赶不上车了。
　　（今行っても，おそらくもうバスに間に合いません。）
・上学去晚了，赶不上考试。
　　（学校に行くのが遅いと，試験に間に合わなくなる。）
・他刚走，你紧走几步，还能追上他。
　　（彼は行ったばかりだから，急いでいけば彼に追いつけますよ。）

この二つも「追いつく＝付着」ですから，理解がしやすいでしょう。以下は少し抽象化しますが，この「くっつく」で理解できます。

・她总算考上大学了。（彼女はやっとのことで大学に受かった。）

"考上"は，「受けた」結果「受かった」ことです。

・他爱上了一个中国姑娘。（彼は一人の中国人の娘に恋をした。）

◆比較◆　"～上"と"～到"

"上"のあとには数量，時間の長さがくるのに対して，"到"のあとには時刻がきます。つぎの例を比べてください。

・中午我想睡到两点。（昼は2時まで寝たい。）
・中午我想起码睡上两个小时。（昼は少なくとも2時間は寝たい。）

"愛"が「愛している」という状態をいうのに対し，"愛上"は「愛するようになった」ということで，「状態の始まり」を表しています。
- ・追我的，我看不上；我看上的，人家不喜欢我。(わたしのことを気に入ってくれる相手は，わたしの方が気にいらないし，わたしがいいと思った相手はわたしのことが好きでない。)

"看上"は「気に入る；見そめる」というときに使います。
- ・"这是我妈让我带给你的，你带上，路上吃。""谢谢。"
（「これは私の母があなたにと持たせたものです。もっていって，道中食べて下さい。」「ありがとう。」）
- ・我们先把自行车存上。(まず，自転車を預けましょう。)

このへんになると，かなり抽象化します。しかし，どちらも，「付着」では同じです。
　"～上"で，気をつけたいのは，あとに時間の長さや数量を表す語がくる場合です。
- ・这个电脑还可以用上几年。(このパソコンはまだ何年か使える。)
- ・中午我只要睡上一刻钟，下午的工作就特别有精神。
（わたしは昼に15分寝るだけで，午後の仕事はうんと頑張れる。）
- ・虽然学校条件不好，但你再熬上一年也就毕业了。
（学校は条件が悪いけれど，あと一年我慢すれば卒業だ。）

　実際は"上"がなくても成立するのですが，その場合でも，「その数量に達する」というニュアンスを与えています。

▶▶ 下 ◀◀

　"下"の派生義は"下来"とつながっていますので，方向補語の派生義のところでお話ししますが，文法書によっては結果補語にいれているのもありますので，ここでは"下"に限って簡単にふれておきます。
　"下"の派生義の基本義は，「落ちつく」ことですが，もし分ければ，a) 残る，b) 離れる，c) 静まるの三つの意味に分けることができます。それぞれ「残存」「離脱」「静止」と2字の漢語で表してみました。

a) 残存
- ・你今天留下，我有话跟你说。
（今日は残ってください，あなたに話があります。）

・这是我们吃剩下的，想带走。
　　（これは食べ残したもので，持って帰りたいのですが。）
・这是我的一点儿心意，请收下。
　　（これはわたしのほんの気持ちです。どうぞお受け取り下さい。）
・你今天在这儿住下吧，别走了。
　　（今日は帰らないで，ここに泊まっていって下さい。）

　"留下"は「(意識的に)残る；残す」という意味であるのに対し，"剩下"は「(結果的に)残る」という意味です。"收下"は「受け取って自分のものにする」という意味で，単に「受け取る」だけなら"收到"でした。

b) 離脱

・你摘下墨镜，戴上草帽。（サングラスをはずして，麦藁帽子をかぶって。）

　"摘下"は"戴上"の逆の表現で，一見「下向きの動作」と思ってしまいますが，ある場所から離すことです。"戴上"の"上"は上で勉強した「付着」です。

c) 静止

・他停下车，在路边买了一份报纸。
　　（彼は車を止めて，道端で新聞を一部買った。）

　これも「残存」の一種と考えることもできます。

▶▶ 住 ◀◀

　"住"の基本義は「とどまる；とどめる」ことです。

・她的名字我老记不住。
　　（彼女の名前をわたしはいつまでも覚えられない。）

　これは上でも説明しました。

・站住，我有话跟你说。（止まれ，話がある。）

　"站"に"住"がつくのは変に感じるかもしれませんが，"站"は1章でも述べたように，「立ったままの状態」で，それを「とどめる」わけですから，「立ち止まる」となるわけです。ことわざにも，"不怕慢，只怕站"（遅いのは大丈夫，立ち止まることこそ心配だ）というのがあります。

・王老师让学生给问住了，回答不上来了。
　　（ワン先生は学生の質問に立ち往生し，答えられなくなった）

　これも"问"された結果，"住"（とどまる⟶窮する）することです。

・"怎么了？""憋不住了。"(「どうしたの。」「我慢できなくなった。」)
トイレを我慢するような場合です。
・孩子在家里坐不住了，出去玩儿了。
（子どもは家にじっとしていられなくなって，遊びに出ていった。）
・他拉住我的手说。（彼はわたしの手をつかんで言った。）
"拉"は「引っぱる」，"拉住"は「引っぱるようにしてつかむ」ことで，感情のこもった動作です。

▶▶ 着 ◀◀

"着"には，
   a）達成
   b）寝付く
   c）火がつく
   d）不本意な結果

の四つの意味があります。a)がもっともよく出てくるもの。b)とc)はあまり気づかないもの。d)の"着"は学習レベルとしては高いものです。

a）達成

この"着"は，北方の口語でよく使うもので，ほぼ"到"に置き換えが可能です。
・你见着王老师了吗？（=见到）（ワン先生に会えましたか。）
・"你猜这是什么？""我可猜不着。"（=猜不到）（「これはなんだと思いますか。」「わかりません。」）
"猜"は日本語の「猜疑」の「猜」から連想するものと違い，単に「想像する」ことです。"你猜！"（あててみて）あるいは"你猜猜！"のようにも使います。
・工作找着了吗？（=找到）（仕事はみつかりましたか。）
これは上で例として出しました。「仕事」が話題になっているので，主語の位置にきています。
・"怎么样？""咳，今天一条小鱼都没钓着。"（=没钓到）
（「どう？」「やれやれ，今日は一匹の小魚もつれなかった。」）
これは"没钓上来"とも言えます。

b）寝付く

・昨天很累，我躺下就睡着了。

（昨日は疲れていたので，わたしは横になるとすぐ眠ってしまった。）
　・今天很闷热，我怎么也睡不着。
　　（今日は蒸し暑くて，わたしはどうしても眠れない。）
　中国語の"睡"は必ずしも「ねつく」ことまでを意味しません。それで，こんな表現があるのです。この場合の"着"は"到"に置き換えることができません。それで，a）とは別のものと考えます。
c) 火がつく
　・你快把煤气点着。（急いでガスに火をつけて。）
　・这根火柴受潮了，怎么也划不着。
　　（このマッチはしめっていて，いくらすってもつかない。）
この"着"も"到"に置き換えることができません。この意味で結びつく動詞は，ほぼ"点"と"划"の二つに限られます。
d) 不本意な結果
　・好悬呢，差点儿让车撞着。
　　（あぶないなあ，もう少しで車にぶつけられるところだった。）
「車にぶつけられて怪我をする」ことです。
　・过马路要左右看看，别让车轧着。
　　（道を渡るときは左右を見て，車にひかれないように。）
　・孩子从树上掉下来，竟没摔着。
　　（子どもは木から落ちたが，怪我はなかった。）
　ここでは"掉"（落ちる）行為と，その結果「地面にぶつかる（"摔"）」行為

　◇動作過程を分ける

　　よく出てくるのが"转身"と"抬头"です。
　・他说完，转身就走了。
　　　（彼は話し終わると，くるりと向きを変え行ってしまった。）
　・他抬头看了我一眼。（彼は顔をあげて，わたしをちらりと見た。）
　次の会話でも，二つに分けています。
　　医生：你怎么了？（どうしたのですか。）
　　病人：我摔伤了。（転んで怪我をしました。）
　　医生：怎么摔的？（どうやって転んだのですか。）
　　病人：刚才骑车出去，被人撞倒了。（さっき，自転車に乗って出かけたら，人にぶつけられて転んだのです。）

を分けています。中国語ではこういうふうに，動作過程を細かく言い分けることがあります。

▶▶ 开 ◀◀

これも方向補語にいれることがありますが，"开来""开去"がやや特殊なので，"开"だけを結果補語として扱うのが便利です。意味は，「動作の結果空間ができる」ことです。

・请你把窗户开开。（窓をあけてください。）

"开开"のかわりに"打开"ということもできます。"打"に「あける」の意味があると考えることもできますが，全体で「あける」と覚えておいた方がいいでしょう。この反対は"关上"で，"上"という「付着」の結果補語が使われます。

> 注　中国語ではスイッチ"电门，开关"を入れるとき，「電気が流れる出入り口を開ける」という考え方をしますので，つぎのように言うことができます。
> ・把空调〔电视，电脑〕打开〔关上〕。
> （エアコン〔テレビ・パソコン〕をいれて〔消して〕ください。）

・你张开嘴看看。（口をあけてみせてください。）

歯医者さんのセリフです。「口を開けるのは」"张嘴"で，"开口"は「（話の）口を切る」という抽象的な意味になります。反対は"闭上嘴"で，このときは"关"は使えません。

・刚起，眼睛睁不开。（起きたばかりで，目が開かない。）

反対は"闭上眼睛"です。

・这儿太危险，你走开。（ここはあぶないから，離れなさい。）

"走开"も初めてみたときにはなかなか意味がとれないと思いますが，「歩いた結果，空間ができる；その場を離れる」ことです。

・汽车来了，快躲开。（車が来た。はやくよけて。）
・请让开。（道をあけて通して下さい。）
・这是没办法儿的事，你想开点儿吧。
　　（これはどうしようもないことです。考えを広くもって）

最後の例は，「考えをある点から離せ」ということで，「ひとつのことにこだわっていないであきらめなさい；心を広くもちなさい」という意味になります。失恋した人をなぐさめるときにも使える表現です。

▶▶ 成 ◀◀

 a) V 成～（Vの結果～になる）
 b) 動作の達成

の二つのケースがありますが、b)の方は意外と意識されていません。まず、a)の方から。

a) V 成～

 動作の結果～になるということです。

 ・他把一个馒头掰成两半儿，把一半儿给了我。
  （彼はマントウを二つに分けて、半分をわたしにくれた。）

これは具体的な例で、"掰"（〔手で〕割って半分に）しているのですが、こういうとき、半分にするのを"两半儿"と言っていることに注意してください。

 ・能把日币换成美元吗？（日本円をアメリカドルに替えられますか。）

「換えて～にする；～に換える」ということです。

 ・他硬把黑的说成白的，真不像话。
  （彼は頑として黒を白と言い張る。話にならない。）
 ・我把十点说成十一点了。（わたしは10時を11時と言ってしまった。）

"说成"は「～と言いなす」ということで、筆者もこの例のような失敗をして、1時間待たされたことがあります。

 ・你看看，你把我画成什么样儿了！
  （見て、君はわたしをどのように描いてしまったか。）
 ・我说汉语，你能把它翻译成日语吗？（わたしが中国語を話しますから、あ
  なたはそれを日本語に訳してくれますか。）

これもわかりやすいと思います。「訳して～にする；～に訳す」ということで、"翻成～""译成～"とすることもできます。"翻成～"はより口語的、"译成～"は文章語的な言い方です。

 ・她把自己的女儿看成是朋友。（彼女は自分の娘を友達のように思っている。）

"看成～"は「～と見なす」ということです。

b) 動作の達成

 a)の、「Vして～にする」という用法に対し、単に動作の達成だけを表す用法もあります。

 ・这是用什么材料做成的？（これはどんな材料で作られているのですか。）
 ・这座大桥是用了十年的时间建成的。

(この大きな橋は10年の歳月をかけて造られたものです。)

上の二つはまだ「〜して〜になる」という意味に転化できそうですが，次の例では完全に「達成」の意味だけになっています。

- 昨天我本来去找老张，临走来了客人，没去成。(昨日はもともとチャンさんのところへ行くつもりだったが，出がけに客があって，行けなかった。)

▶▶ 会 ◀◀

「動作の結果できるようになる」ということで，常用されるのは"学会"くらいです。

- 时间一长，我也学会做饭了。
  (時間がたって，わたしも食事を作ることも覚えました。)
- 只用了两个星期，他就学会开车了。
  (たった2週間で，彼は車の運転をマスターした。)

▶▶ 走・跑 ◀◀

「その場を離れる」という意味の"走"は結果補語としてもよく使われます。"跑"は同じ「その場から離れる」でも，「飛んでいく」というニュアンスがあります。

- 你在这儿吃，还是想带走？
  (ここで食べますか，それともテイクアウトにしますか。)
- 谁把我的伞拿走了。(ぼくの傘を持っていったのはだれだ。)
- 既然跟他分了，我得搬走。
  (彼と別れた以上，わたしは引っ越して行かなくては。)
- 好容易把客人送走了。(やっとのことで，客を送り出した。)
- 车早就开走了，你怎么才来？
  (車はとっくに行ってしまったよ。どうして今頃来たの。)
- 我的帽子让风刮跑了。(ぼくの帽子は風で吹き飛ばされた。)
- 妻子让丈夫气跑了，三个月没回家。
  (妻は夫に腹を立てて出ていって，三ヶ月家に帰らなかった。)

(3) ステップ3

～倒 dào　～反　～够　～腻　～坏　～惯　～透　～齐　～死

　ここでは，ステップ1とステップ2であつかえなかったもので，注意すべきものをいくつかとりあげます。

▶▶ 倒・反 ◀◀

　日本語ではどちらも「反対だ；逆だ」と訳せるものですが，"倒"は「(上下が) 逆になること」，"反"は「(裏表が) 逆になること」です。
・书架上的书放倒了。(本棚の本が逆さにおいてある。)
・信封上的邮票贴倒了。(封筒の切手を逆さに貼ってしまった。)
・上面有一个字印倒了。(この面には字が一つ逆さに印刷されている。)
これらはすべて上下が逆になっています。
・这种衣服里外一样，穿反了，也没关系。
　　(この服はリバーシブルなので，反対に着ても大丈夫だ。)
・这块玻璃安反了。(このガラスは裏表を反対にはめてある。)
上の二つは裏表が逆になっています。

▶▶ 够・腻 ◀◀

　"够"には「充分～する」というときと「～しあきる」という二つの側面がありますが，"腻"は単に「～しあきる」というだけです。どちらも，否定形では，「見たりない；見飽きない」とプラス評価になります。
・等我攒够了钱，就去夏威夷玩儿。
　　(わたしに充分お金がたまったら，ハワイに遊びに行こう。)
"攒够"は「充分お金がたまる」ことです。
・你再玩儿一会儿，玩儿够了再回去吧。
　　(もう少し遊んで，充分遊んでから帰ったら。)
これも「思う存分遊んだこと」です。しかし，
・我今天唱了一下午的卡拉OK，可唱够了。
　　(わたしは今日，まるまる午後カラオケで歌って，もう歌いあきた。)
になると「あきあきした」となります。

・这次招生，人数还没招够呢。(今回の学生募集は，人数がまだ充分ではない。)
募集人員が予定の数に達していないことです。
　　・这个话，我已经听够了。(その話は，もう聞き飽きました。)
これは「聞き飽きた」ことです。
　　・这个电视剧我已经看了六遍了，实在是看够了。
　　　(このドラマはもう6回見ていて，本当に見飽きた。)
これも「見飽きた」ことだとわかります。こうしてみると，「充分～した」と「～し飽きた」の違いは文脈から考えるしかなさそうです。
　"～够"は可能補語の場合も含め，否定形では「充分～しなかった」の方の意味になります。
　　・看呀，看呀，好像怎么也看不够。
　　　(いくら見てもどうも見たりないみたいだ。)
　　・"你想死就赶快死！" "我还没活够呢。"
　　　(「死にたいならさっさと死ねば。」「まだ生きたりないよ。」)
　"～够"に二つの面があったのに対し，"腻"は否定的な場合に限られます。「あきあきした」のです。
　　・我在病床上躺了快一个月了，实在躺腻了。
　　　(わたしは病床でもう1ヶ月過ごしてきて，本当に寝飽きてしまった。)
　　・没完没了的家务，我已经干腻了。
　　　(つきることのない家事に，わたしはもう飽き飽きしてしまった。)
　　・中国菜我都吃腻了，想吃点儿清淡的。
　　　(中華料理はもう食べ飽きました。あっさりしたものが食べたいです。)

▶▶ 坏 ◀◀

これも「悪くなる」と「程度がはなはだしい」の二つの側面があります。
　　・小心，别把眼睛看坏了。(目を悪くしないように気をつけて。)
　　・我的衣服不是穿坏的，而是洗坏的。(わたしの服は着てだめになったのではなく，洗ってだめになったのです。)
　　・橘子买来没吃，放坏了。
　　　(ミカンを買ってきて食べなかったものだから悪くなってしまった。)
"放坏了"は「おいておいて悪くなった」という意味です。
　　・你别跟他学，这么下去肯定会学坏的。(あんなやつのまねをしてはだめだ。

このままいくときっと悪くなるぞ。)

"学坏"は「まねをして悪くなる」ということです。

・男人有钱就变坏，女人变坏就有钱。
　　（男は金ができると悪くなる，女は悪くなるとお金ができる。）

改革開放後の中国でよく耳にすることばです。

以下は，「程度がはなはだしい」という場合です。

・孩子考上了大学，真把父母乐坏了。
　　（子どもが大学に受かったので，親は本当に大喜びだ。）

"乐坏"の"乐"は「よろこぶ」ということです。"把"構文で自動詞がきていますが，こういう場合も，なんらかの原因があって，こうなったということです。ほかにも，

・干了一天活，可把我累坏了。（一日働いたので，くたくただ。）
・孩子出门好几年了，可把他妈妈想坏了。（子どもが遠くへ行ってもう何年にもなる。彼の母親は子どもに会いたくて会いたくてたまらない。）

これも自動詞の例で，"想"は「会いたいと思う；恋しく思う」という意味です。

▶▶ 慣 ◀◀

「〜し慣れる」という意味です。

・染发的人多了，我也就看惯了。
　　（髪の毛を染める人が増えてきたので，わたしも見慣れてしまった。）

"看不惯"は「見慣れない」から「気にくわない」という意味にもなります。

・我叫惯了他的小名了，一时改不过来。
　　（わたしは彼の幼名を呼び慣れているので，急には変えられない。）
・我在城市里住惯了，觉得农村不方便。
　　（わたしは都市に住み慣れてしまったので，農村は不便だと感じる。）

▶▶ 透 ◀◀

具体的な意味で「通る」と言う場合と，抽象的な意味で「徹底的にする」という場合があります。まず「通る」の方から。

・子弹穿透了玻璃，但是没伤着人。
　　（弾丸は窓ガラスを突き破ったが，人を傷つけはしなかった。）

"穿透"はまさに「突き抜ける；突き通る」ことです。

・汗出得太多了，衬衣都湿透了。
　　（汗がたくさん出て，シャツがすっかりびしょぬれだ。）
　"湿透"の"湿"は「湿る」「ぬれる」二つの意味がありますが，ここでは「ぬれる」の方です。以下は抽象的な場合。
・我算把你看透了。你太自私了。
　　（ぼくは君という人間がすっかりわかった。君は利己的すぎる。）
　"看透了"は「見抜く」ということで，やはり突き抜けるの延長であることがわかります。
・你不把话说透了他就不明白。
　　（君は話をずばり言わないと彼はわからないよ。）

▶▶ 齐 ◀◀

　"齐"は「そろう」ということで，"齐了"だけでも，「そろった」という意味になります。以下では，どういう動作の結果そろったのかが問題になっています。
・人都到齐了，走吧。（人はみんな〔来て〕そろったから，でかけよう。）
"到齐了"は「やってきてそろう」ということです。
・菜上齐了再吃吧。（料理は全部そろってから食べよう。）
「料理を出す」ことを"上菜"と言います。
・钱好容易凑齐了。（お金はやっとのことでかき集めた。）
"凑"は「あつめる」ことです。
　ほかにも，
・买齐了。（買いそろえる。）
・找齐了。（さがしそろえる。）
・攒齐了。（集めてそろえる。）
などがあります。

▶▶ 死 ◀◀

　結果補語の"死"は本来，何かの動作の結果「死ぬ」ことですが，ここでは，「極端な程度を表す」用法をあげておきましょう。実際によく出てくるものです。
・你吓死我了，你！（びっくりするじゃないの，あなたって。）
・你急死我了。（やきもきするわね。）

・你烦死我了。(本当にうざったいわね)
・你想死我了。(本当に会いたかった。)

最後の例は、"我想死你了。"と言っても意味は同じです。

4. 動詞からみた結果補語との結合

　これまで結果補語について、比較的よく使われるものを中心に例をあげてみてきました。結果補語の側からみたわけですが、結果補語によって結びつく相手がかなり制限されているものと、意味的に矛盾しなければかなり広く多くの語と結びつくものとがあることがわかります。

　これとは逆に、一つの動詞がいくつもの結果補語と結びつくことがあります。動詞の側からそうした結びつきの可能性を知っておくことも大切です（以下では方向補語も加えています）。

　たとえば、

【拿】　拿好　　　ちゃんと持つ
　　　　拿住　　　しっかり持つ
　　　　拿走　　　持っていく
　　　　拿到　　　手にいれる
　　　　拿下　　　攻略する；手におさめる

それぞれ補語の意味がよく生きています。"拿到"というのは、どこかにあるものを「とった；手にした」というような時に使います。"拿下"の"下"は「残存」で、「(敵のトーチカ・獲物等を) 手におさめる」という意味です。

【说】　说完　　　言い終わる
　　　　说好　　　話をつける
　　　　说清楚　　はっきり言う
　　　　说到　　　言及する；話が及ぶ
　　　　说出来　　口に出して言う
　　　　说上来　　口に出して言う

"说出来"とは口に出しにくいことなどを言ったりする場合につかいます。「なにかが言えない；口から出てこない」というときは、"说不出来""说不上来"

ともに可能です。

【想】　想好　　　考えがまとまる
　　　　想到　　　思いつく；思い出す。
　　　　想起来　　思い出す
　　　　想出来　　考え出す

　"想起来"は「(もともと記憶の底にあるものを) 思い出す」こと,"想出来"は「(なにもない状態から) 考え出す」ことです。"想到"は「考えつく；考えいたる」ことですが,時に「思い出す」と訳してもおかしくない場合があります。

【収】　収好　　　ちゃんとしまう；片づける
　　　　収到　　　受け取る
　　　　収下　　　受け取る（〔もらって〕自分のものにする）
　　　　収起来　　片づける

　"収到"は,「ものが届く；ものを受け取る」ことで,"収下"は同じ「受け取る」でも,「(もらって) 自分のものにする」ことです。

【猜】　猜到　　　あてる
　　　　猜着　　　あてる
　　　　猜出来　　あてる

　"猜到"と"猜着"は文体的な差で,後者の方が口語的です。"猜出来"は想像して考え出す」ことで,ここでは上の二つと同じように使えます。

【睡】　睡够了　　　　充分寝る；寝飽きる
　　　　睡醒了　　　　寝て目が覚める
　　　　睡过了　　　　寝過ごす
　　　　睡到十点　　　10時まで寝る
　　　　睡上十个小时　10時間寝る

　"睡醒"も日本人には理解しにくい表現です。「目覚める」のに,いちいち「寝て」と言っているのですから。このことばはつぎのようにも使います。

　　　你还没睡醒的样子。(君はまだ眠りから覚めてないみたいだね。)

5. 形容詞を使役的に使う

　中国語の形容詞は, 現代語においては状態を表すだけで, 使役的な意味をもっていません。たとえば, "大"は「大きい」というだけで, 「大きくする」という意味をもっていません。こうした形容詞を使役的な意味で使用するためには, 補語として使えばいいのです。そのために, つぎのようないくつかの動詞が存在します。

　【加～】　加快速度　　　速度を速める
　　　　　　加宽路面　　　道路の幅を広げる
　　　　　　加强团结　　　団結を強める
　　　　　　加深友谊　　　友好を深める
　　　　　　加重负担　　　負担を重くする

　"加～"の後にくる形容詞は積極的な意味をもったものに限られ, "加慢"とか"加窄"のようには言えません。これに対し, つぎにあげる"放～"は積極的な方向, 消極的な方向の両方向に使えます。

　【放～】　放大照片　　　写真を拡大する
　　　　　　放慢速度　　　速度を落とす
　　　　　　放低声音　　　声を小さくする
　　　　　　放宽马路　　　道路を広げる
　　　　　　放聪明些　　　賢くふるまう

　上の二つは書き言葉的で, より口語的には, 動作の具体性を問題にしない"弄～"という動詞を使います。"弄"は本来「いじる」という意味ですが, ここでは意味が希薄になって具体性を失っています。

　【弄～】　我不小心,把裙子弄脏了。(不注意でスカートをよごしてしまった。)
　　　　　　你要把问题弄清楚。(君は問題をはっきりさせなければいけない。)
　　　　　　弄不好就糟了。(うまくできなければまずい。)

移動動詞・方向補語

1. 移動動詞

(1)"来""去"

中国語には移動を表す動詞がたくさんあります。

中国語の"来"と"去"は，ほぼ日本語の「クル；イク」と対応していますが，世代や地域によって多少違いがあります。以下はほぼ北京を基準としています。

①他人の移動——客観的な視点

まず，日本語ではその場所（たとえば家）にいなくても，視点を家に移して，
　　お暇なときにうちに遊びに来てください。
と「来る」を使って言うことがありますが，中国語では，現在いる場所を基準にして，言い換えると，客観的な視点から，
　　去我家玩儿吧。（私の家に遊びに来て下さい。）
と"去"を使うのがふつうです。日本にいる上海の人が日本人に，
　　欢迎你去上海。（あなたが上海に来ることを歓迎します。）
というのも，また，道の途中で知人にあったとき，
　　去我家玩儿吧。
と"去"を使うのも同じで，話をしている場，客観的な視点から言っているのです。もっとも，以上の例では，"来"とも言え，その方がていねいだという人（特に年輩の人）もいます。

ところで，
・张老师叫你去。
のような文はどう訳せばいいのでしょう。これは，2章でとりあげた，命令文の間接化の例で，「先生があなたに来るよう言っている」という日本語に対応するものです。日本語では先生の視点から「来る」と言いますが，中国語では移動する人が今いる場，客観的な視点から"去"を使うわけです。

②話し手の短い距離での移動

短い距離で話し手が移動する場合は，視点を相手に移して，つまり聞き手の

立場に立って"来"を使うこともあります。
　　你先走吧，我马上就来。(先に行って下さい，すぐに行きますから。)
誰かに呼ばれて，
　　来了，来了。(今すぐ行きます。)
というのも同じです。誰かの部屋に入るのに，入り口で「入ってもいいですか」というのは，北京では多く，
　　可以进来吗？(入ってきてもいいですか。)
と言います。ただし，地域によっては絶対"进去"でなくてはおかしいと言う人もいます。筆者の知り合いの東北（ハルビン）出身の中国人は，この表現は変だとしきりに言っていました。どちらにしても，これらは距離が短い場合で，誰かに電話をして訪ねて行くときは，"去"を使い，
　　现在叫以去找你吗？(今，あなたのところに行ってもいいですか。)
と言わなければなりません。これも，英語なら *come* を使うケースですが。

(2) "走" "到"

中国語には，出発と到着を表す移動動詞があります。出発を表す"走"は，1章でもとりあげましたが，「歩く」とともに「その場を離れる」というのが基本的な意味で，後者は場面によって「帰る」にも「行く」にもなります。たとえば，
- 我走了，再见。(帰ります，さようなら。)
- 时间不早了，走吧。(もう遅いから，行きましょう。)

　　　注　"走了"と"走吧"の違いは，前者は一種の決定を示している（「行くことにした」）のに対し，後者は相談の語気（「行こうか」）を表しています。

"到"は「着く」というのが基本的な意味です。
- 人都到齐了，走吧。(全員そろいました，行きましょう。)
- 上海快到了。(上海にもうすぐ着きます。)
- "到哪儿？" "东单"。(「どちらまで。」「東単〔北京の地名〕まで。」)

最後の例は，運転手や車掌が客に，「どこまで」と行き先を聞くような場面で出てきます。

バスが，目的地に行くかどうかを聞くときも，"到"が使えます。

- "这车到不到琉璃厂？" "不到。"
  （「このバスは瑠璃廠〔北京の地名〕へ行きますか。」「行きません。」）
これも目的地に着くことがポイントになっています。

> 注 中国語の"到"は日本語の「着く」より幅のあることばで、つぎのように何かがやってくる場合や、ある時刻に達する場合にも使えます。
> - 春天到了。（春がやってきました。）
> - 时间到了。（時間がきました。）
> - 到点了。（時間になりました。）
> - 到现在还没有消息呢。（今になっても、まだ音沙汰がない。）

ところで、"到"はさらに、「イク」や「クル」さらに「ハイル」にも対応することがあります。
- 我到青岛已经一年了。（青島に来て、もう一年になります。）
- 你到过延安没有？（延安に行ったことはありますか。）
- 你到楼上歇会儿吧。（2階へ行って少し休んで下さい。）
- 我想到中国留学。（わたしは中国へ〔行って〕留学したい。）
- 请到里边儿看看吧。（中に入って見て下さい。）

"到"は、単独では「着く」という日本語に対応することが多いのですが、過去の文や、連動式の第一動詞に用いられた場合などは、イクやクルに対応することがあります。これは、「イク」や「クル」も、完了した動作としては「着く」と共通の面があるということ、連動式の場合は、次の動作をするためには、まず到達していないとだめで、それで、"到"が「イク；クル」のかわりに使われているのです。これは日本語の「着く」にはない用法です。

(3)「～へ行く・～へ来る」という表現

中国語には、「～へ行く・～へ来る」を表すのに、いくつかの言い方があります。「～へ行く・～へ来る」の最も簡単な言い方は、"去""来"の後ろに場所を表す目的語を置くものです。
- 你去哪儿？（どこに行くのですか。）
- 你来我家玩儿吧。（わたしの家に遊びに来て下さい。）

これは本来南方的な言い方だと言われてきましたが、今は北京出身者でも口

にしますし，北京語言大学のテキストでも最初に出すのはこの文型です。
　ところで，中国語では，
　　"到～去" ⟶ 行く
　　"到～来" ⟶ 来る
も「～へ行く・～へ来る」を表す基本的な文型です。この場合，"到"を「～へ」という前置詞だとみる立場もありますが，上でもみたように，"到"も文脈があれば「行く」や「来る」の意味で使うことができました。あとの"去"と"来"は，
　　回家去
　　回家来
の"回"が「帰る」で"来"と"去"が「話し手に近づく」か「話し手から遠ざかる」かという関係を表しているのと同じような現象だと考えるといいでしょう。
　かりに，この"到"を「～へ」という前置詞と見なしたとしても，後にくる動詞は"来"か"去"でしかないことに注意する必要があります。つまり，
　　*我到中国回去。（正しくは，"我回中国去。"）
　　*我到外边儿出去。（正しくは"我出去。"）
のような言い方はできないわけです。
　もう一つ注意したいことは，この文型では，経験を表す"过"や"是～的"構文の"的"は"到～去"や"到～来"の後にくることです。たとえば，
　　・你到中国去过吗？（中国へ行ったことがありますか。）
　　・你什么时候到日本来的？（いつ日本に来たのですか。）
のように，"过"は"到"ではなく，後ろの"去"につきます。後者の場合，単に"来"だと，
　　・你什么时候来的日本？（いつ日本に来たのですか。）
　　・你什么时候来日本的？（いつ日本に来たのですか。）
と，"的"の置き場所に迷いますが（中国人でも人によって違い，筆者の聞いた範囲では"的"を動詞と目的語の間に挟む人が多い），"到～来"の文型を使えば，"的"をどこに置くか悩まなくてすみます。
　北方語の"上"も"到"と似ていますが，こちらは単独でも「行く；来る」として使えますし，また，"到"と同じように"去"や"来"と組み合わせて使うこともできます。

・你上哪儿？（どこへ行くの。）
・你上哪儿去？（どこへ行くの。）
・欢迎你上我家来玩儿。（うちに遊びに来るのを歓迎します。）

　辞書によっては，"上"に「行く」という訳語のみ与えているものがありますが，最後の例のように"上～来"ともなりますから，本来は「どこかへ向かう」と理解すべきものです。

(4)方向を表す移動動詞

　中国語の移動動詞の中には，次のように方向を表すものがたくさんあります。ただ，これらは単独で使うことは少なく，目的語をともなったり，後に"来"や"去"を補語にともなって使うのがふつうです。

[表1]

	A	B
上（あがる・のぼる・のる）	上楼　上车	上来　上去
下（さがる・くだる・おりる）	下楼　下车	下来　下去
进（入る）	进门　进屋　进站	进来　进去
出（出る）	出门　　　出站	出来　出去
回（帰る）	回家　回国	回来　回去
过（わたる・通り過ぎる）	过桥　过马路	过来　过去
起（起きる）	起床	起来

　つまり，上の左端一字だけでは使いにくいということです。例外は"下"で，これは，バスなどで「降りる」かどうかを聞くときに，
　・你下吗？
のように使うことができます。"起"も，「起きなさい」と言うときは，
　・起来吧。
と言わなくてはいけませんが，状態補語を取ったときは，
　・你今天起得早吗？（今日は早く起きましたか。）
のように言えます。"回"だと，
　・你今天回来得怎么这么早？

　　　　（今日はどうしてこんなに帰ってくるのが早いの。）
と"来"をつけて言わなくてはいけません。

> 注　"请进"や"请回"では"进"や"回"が単独で使われているように見えますが、これらは"请进""请回"全体を一語とみるべきもので、筆者はピンインの分かち書きでもくっつけて書いています。また、親しい間では、"起吧"のように、"起"だけで使うこともあります。

　これら移動動詞と目的語との関係はイディオムに近いもので、もとの意味からずれた意味が生じているものが少なくありません。たとえば、"出门"などは単に「出かける」という意味もありますが、「遠出をする」という意味もあって、特に"出远门"は「旅行や出張に行く」ということです。"进屋"の"屋"は単独では"屋子"というところですから、"进屋"で一つの単語になっていると考えられます。"回家"はフレーズですが、"回国"は"国"が単独では使えませんから、一語とみるべきです。"回家"にしても、いわゆる離合詞化していると考えてもいいでしょう。"进站""出站"は、列車が駅のホームに入ったり、ホームから出たりすることですが、列車だけでなく人についても使えます。

　"上"から"出"までの動詞は日本語にほぼ対応するものがありますから理解は容易でしょうが、"回去"は日本語では「カエッテイク」と言わず、「カエル」だけですますところです。逆に、「カエッテクル」の方は多用しますので、日本人は"回去"と言うべきところを、つい"回来"と言ってしまいがちです。

> 注　「出ていく」や「入っていく」も日本語では単に「出ろ」とか「入れ」と言えますし、「外へ出ろ」『中へ入れ』という表現もあります。日本語の「〜くる」や「〜いく」は、中国語の"〜来"や"〜去"とは働きが違うと言うべきでしょう。もっとも、中国語でも、
> 　　・往外走（外へ出ていく）
> 　　・往里走（中［奥］へ進む）
> のような言い方はあります。

　「ある空間を通り過ぎる」という"过来""过去"のうち、
　　・你过来看看吧。（こっちに来てみてごらん。）
　　・水太深，他们过不来。（水が深くて、彼らはこっちに来られない。）
のように"过来"の方はまだ理解が容易です。

"过去"も，
・路太窄，汽车过不去。(道が狭くて，車が進めない。)
のような可能補語のカタチだとまだわかりやすいのですが，主語が一人称の，
・我们过去看看。(わたしたち行って見てみましょう。)
のような文は，日本語では「行く」としか訳せず，したがって日本人にはなかなか使えません。しかし，中国人の会話にはしばしば出てくるものですから，ふだんからよく観察して，自分でも使ってみましょう。

2. 方向補語

(1)単純方向補語

"来""去"が"上""下"など以下の移動動詞の補語になる用法は上でもみましたが，"来"や"去"は一般の動詞にもつくことができます。
・等一下，我给你拿来。(ちょっと待って，持ってくるから。)
・小王带来了个大西瓜。(ワンくんは大きなスイカを持ってきた。)
・这些饺子，你给小王送去吧。
　　　(このギョーザをワンくんに持っていって下さい。)
・电影票，我给你买来了。(映画のチケットをあなたに買ってきました。)
一方，"上""下"などの動詞もほかの動詞の後について補語になることができます。"来""去"を含め，これら一字からなるものを「単純方向補語」と呼びます。ただし，
　＊走进──→走进教室
のように，後に場所目的語を伴うのがふつうで，そのため会話文ではあまり出てきません。会話文で単純方向補語として出てくるのは"下"くらいです。
・你坐下，我给你看看。(座って，見てあげましょう。)
・你放下。(置きなさい。／おろしなさい。)
・我已经吃饱了，吃不下了。(もうおなかいっぱいです，入りません。)
　　　注　最後の"吃不下"は可能補語のカタチで出てくるのがふつうで，要するに食べたものが下に行かないわけですが，このように，「食べ過ぎてもう食

べられない」というケースと,「食欲がなくてノドを通らない」というケースの二つがあります。

入門テキストで,単純方向補語と言いながら,"来""去"以外の例がでてこないのは以上に述べたような理由からです。

(2)複雑方向補語

"来"や"去"と結びついた,［表1］B群の方向を表す移動動詞は,それ自身で使えるだけでなく,ほかの動詞の後について複雑方向補語となります。

走上来（歩いてあがってくる）　　走上去（歩いてあがっていく）
走下来（歩いておりてくる）　　　走下去（歩いておりていく）
走進来（歩いて入ってくる）　　　走進去（歩いて入っていく）
走出来（歩いて出てくる）　　　　走出去（歩いて出ていく）

◇ "买来"は買って持ってくること

日本語でも「買ってくる」と言いますから,不思議に思わないのですが,"买来"は本来「買って,持ってくる」ことで,それを一つにして言っているわけです。ほかにも,
・我捡来了一个沙发。（ソファーをひとつ拾ってきた。）
・我跟叔叔要来了。（わたしは叔父さんからもらってきた。）
・妹妹剪来一枝花。（妹は花を一輪切ってきた。）
のように「何かを獲得する」場合があります。これは,
・我听来一个消息。（情報を聞きつけてきた。）
・他的地址问来了吗？（彼の住所を聞いてきましたか。）
のように,抽象的な情報の獲得でも可能です。このほか,
・我给你倒来了一杯茶。（あなたにお茶をついできました。）
・她给我盛来了一碗汤。（彼女はわたしにスープを入れてきてくれた。）
のように,「(動作の結果)何かを生み出す」場合があります。なかには,日本語ではとても考えられない動詞がこの構造に使われる場合もあります。たとえば,
・我到天津把妈妈接回来住几天。（わたしは天津へ母を迎えに行ってつれて帰ってきて,何日か住まわせる。）
はまず「迎えて,それから連れて帰って」来ています。こんな場合にも使えるわけです。

走回来（歩いて帰ってくる）　　走回去（歩いて帰っていく）
走过来（歩いてやってくる）　　走过去（歩いていく）

　問題は"起来"で，下で問題にするように，その場での上向きの移動にしか使えません。"走起来"は方向補語の派生義として「歩き出す」という意味にしかならないのです。

①"站起来"にはなぜ"起来"が必要か？

　その場での上向きの移動を表す"起来"と結びつく自動詞としては，つぎのようなものがあります。

　　站起来　　跳起来　　坐起来　　爬起来　　飞起来

　すべてその場での上向きの動作です。"站起来"は「立つ；立ち上がる」こと。英語でも *stand up* と言います。日本語では必ずしも「アガル」を必要としません。"起来"がなぜ必要かというと，これは1章でも述べたように，"站"が基本的に「立っている状態」を意味し，立ち上がるという過程を表さないからです。"坐起来"は英語でも *sit up* と言いますが，「上半身だけを起こす動作」，"爬起来"は「腹這いの状態から上半身を起こす動作」，"飞起来"は飛行機が「飛び上がる」ことです。

　あるものの上に上がる場合は，"～上来" "～上去"を使います。"跳起来"が「その場で上に跳び上がる」のに対し"跳上来"は「何かの上に跳び上がってくる」動作です。

②"拿起来"と"拿出来"

　一方，

　　拿起来　　提起来　　举起来　　拾起来　　扛起来

のような他動詞では，手もあがるかもしれませんが，方向補語の動きは基本的には対象物（モノ）の動きです。たとえば，

　　・把碗拿起来吃吧。（お椀をもちあげて食べなさい。）

で"起来"するのは"碗"の方だということです。

　"拿起来"は「もちあげる」でモノがあがるのですが，モノが「アガル」と同時に手もその場で「アガリ」ます。この「アガリ」方は動詞によっても違います。たとえば，

　　举起来：モノを肩よりも上にあげる。（両手でも片手でもともに可能）

抬起来：腕を肩の高さまで平行にあげる。
　"拿出来"は日本語に訳すと「取り出す」と「持ち出す」の二つの場合がありますが、よく出会うのは「取り出す」の方です。
　・请大家把书拿出来。(みなさん、テキストを出して下さい。)
　・他从抽屉里拿出来几张邮票。
　　　(彼は引き出しの中から切手を何枚か取り出した。)
　類例としてはつぎのようなものがあります。
　　　掏出来：ごそごそまさぐって取り出す
　　　摸出来：さわって取り出す
　これらでは体全体の移動はありません。
　しかし、"拿出来"=「持ち出す」のように、体ごと移動することがあります。たとえば、
　・从厂子里拿出来。(工場から持って出てくる。)
　・你帮我把外面的提包拿进来。
　　　(外のショルダーバックを運び入れるのを手伝って。)
　・屋里的破烂还没拿出去。(部屋のぼろはまだ持ち出していない。)
　"拿出来"=「取り出す」「持ち出す」のような分裂がみられるのは、"拿"が手の動きだからで、"带"(携帯する)のように、体全体の動作になると、モノとともに体も必ず移動しますから、"带出去"は、「持って出ていく」にしかなりません。しかし、こういう場合も含め、中国語の方向補語の動きは、他動詞においては目的語の動きだと理解しておくべきです。

③ "跳"は"〜起来"以外の方向補語とも結びつく

　上で"跳起来"(その場で上に跳び上がる)をあげましたが、動詞と方向補語の結びつきは意味的に矛盾しない限り自由です。"跳"は「跳ぶ」ですから、一見上向きの動作と思ってしまいますが、
　　　跳上去　　跳上来　(跳び上がる)
　　　跳下去　　跳下来　(跳び降りる)
　　　跳进去　　跳进来　(跳びこむ)
のように、「下」や「中」へ「跳ぶ」こともできます。

④移動を表す他動詞と複雑方向補語

中国語には上でもみたように，方向を表す移動動詞が発達しています。

あがる・のぼる	上来	上去
おりる・くだる・さがる	下来	下去
はいる	进来	进去
でる	出来	出去
かえる・もどる	回来	回去
やってくる・いく	过来	过去
おきる	起来	

日本語の方が中国語より細かく言い分けていることがわかります。日本語にはさらに，

あげる／おろす・さげる／いれる
だす／かえす・もどす／おこす

のように，移動を表す他動詞も発達しています。中国語にはこれらに対応する他動詞はあるのでしょうか。たしかに，中国語でもある程度対応する他動詞はあります。たとえば，「あげる」には〈上にあげる＝"举"〉，〈平らにあげる＝"抬"〉がありますが，これらは手の動きそのものに重点があり，「荷物を棚にあげる」ときは使えません。「おろす」には，"卸"がありますが，これは「車などの積み荷をおろす」場合に限られます。「いれる」も，"塞"がありますが，これは「(狭い空間に)いれる」ということで制約があります。

そこでどうするかというと，上であげた方向を表す動詞の前にさらに別の他動詞をつけてやるのです。たとえば，「起こす」なら，

・把孩子抱起来。(子どもを抱き起こす。)
・把孩子拉［扯］起来。(子どもを引っ張り起こす。)
・把孩子叫起来。(子どもを呼び起こす。)

のようにするのです。このとき，方向補語はまさに目的語の動きを表しています。

他の動詞では，"拿"のような手にかかわる動詞のほか，1章でもあげた「手をはなす」ことを基本義とする"放"がよく用いられます。たとえば，次のように。

あげる	放上去	拿上去
おろす・さげる	放下来	拿下来

```
    いれる            放进去
    かえす・もどす     放回去
```
少し例をあげましょう。
　・架子太高，我够不着，你帮我放上去。
　　　（棚が高すぎて手が届かない，上にあげるのを手伝って。）
　・你用完了，放回去。（使い終わったらもとへもどしなさい。）
なお，「いれる」は，
　・你把衣服放在脸盆里。（服を洗面器の中に入れておいて。）
のように，くぼんだ場所を後に置くことでも表すことができます。この場合，"在"以下の名詞に"上"がつけば「置く」になります。
　・你把相册放在桌子上。（アルバムを机の上に置いて。）
「だす」は，先にもみたように，
```
    拿出来   掏出来   摸出来
```
のように，前にくる動詞が豊富で，「まさぐる」＝"掏"，「さわる」＝"摸"などして取り出すことができます。この場合は"放"が使えません。
　問題は，"出"だけでも「出す」という場合があることです。たとえば，

出钱（お金を出す）	出力（力を出す）
出题（問題を出す）	出气（八つ当たりする）
出题目（テーマを出す）	出主意（考えを出す）
出布告（通達を出す）	出通知（通知を出す）

のように。しかし，これらもイディオム化していて，何でも自由に目的語になるわけではありません。

(3) 目的語はどこに入る

①場所目的語の場合
　"来"と"去"自身は本来の動詞としては，
　　来我家。
　　去他家。
のように，後に場所を表す目的語を取ることができました。
　しかし，補語になった"来"と"去"の後には，もはや場所を表す目的語を置くことはできず，それぞれ，次頁右側のように言わなくてはいけません。

＊回来家　　⟶　回家来
＊回去家　　⟶　回家去
＊进来教室　⟶　进教室来
＊进去教室　⟶　进教室去

　場所を表す目的語は，必ず動詞の後，補語の"来""去"の前に置くと覚えておきましょう。これは"上来"以下が補語になる場合も同じです。
　・他跑回家来了。(彼は走って家に帰ってきた。)
　・她走进教室来了。(彼女は歩いて教室に入ってきた。)
　ところで，出所はふつう"从"を使って表します。
　・她从病房里出来。(彼女は病室から出てきた。)
これを，
　＊她出病房来。
と言うことはできません。しかし，"出来"全体を補語とし，
　・她走出病房来了。(彼女は病室から歩いて出てきた。)
とすれば，場所目的語を後ろに置くことができます。このとき"走出"の後には，ふつう動作の出所がきます。
　ただ，次のように否定形になると，この制約は少なくなるようです。
　・不用出北京，东南西北的菜都能尝到。
　　　(北京を出なくても，東西南北の料理をすべて味わうことができる。)

②場所以外の目的語の場合
　a）動詞と目的語が固定したフレーズになっている場合は，目的語は必ず"来""去"の前に置きます。
　・抬起头来。(頭を上げて。)
　・举起手来。(手を挙げて。)
　・转过身来。(こっちを向いて。)
　・下起雨来了。(雨が降ってきた。)
　これ以外では，目的語は"来""去"の前，後ろの二つの場合があります。
　b）命令，意志のような，未来の動作を表すときは，目的語は主要動詞の後，"来""去"の前に置かなくてはいけません。
　・你去拿一把椅子来。(椅子を一つもってきて。)
　・你给我买一本《现代汉语词典》来。

（私に『現代漢語詞典』を一冊買ってきて。）
・你拿出本子来。（ノートを出して。）
　c）しかし，完了した動作では，"来""去"は多く目的語より前に置かれます。
・她拿来了一把椅子。（彼女は椅子を一つもってきた。）
・他给我买来了一本《现代汉语词典》。
　　　（彼は私に『現代漢語詞典』を一冊買ってきてくれた。）
・他拿出来了一个本子。（彼はノートを一冊取り出した。）
　c）は，"来""去"を目的語より後に置いて，
・她拿了一把椅子来。（彼女は椅子を一つもってきた。）
・他给我买了一本《现代汉语词典》来。
　　　（彼は私に『現代漢語詞典』を一冊買ってきてくれた。）
・他拿出了一个本子来。（彼はノートを一冊取り出した。）
とも言えますが，実際に使う場合は，「未来・意志」「完了」の二つの区別を覚えておけばいいでしょう。また，完了した動作を表す場合，
　＊她拿来了椅子。
だけでは言えず，
・她拿来了一把椅子。
のように，目的語になんらかの数量限定語が必要ですし，複雑方向補語では，
・他拿出来一个本子。
のように，"了"も省略することができます。
　目的語が聞き手と話し手に了解されている場合は，"把"を使って前に出すことができます。
・请把啤酒拿来。（ビールを持ってきて下さい。）
・请你把本子拿出来。（ノートを出して下さい。）
　目的語をどこに置くか考えなくてもすみますので，目的語が既知の場合は，方向補語のついた動詞と目的語の関係では，"把"を使うのが便利です。

(4) "Ｖ来""Ｖ去"と"来Ｖ""去Ｖ"

　"Ｖ来"というのは，"来"が補語として用いられているのですが，"来Ｖ"というのは，動詞の連用の一つ（連動式）で，「来てから，何かをする」あるいは「～しに来る」という意味です。比較してみましょう。

・你拿来。(持って来て。)
・你来拿。(取りに来て。)

前者は「持って」から「来る」のに対し，後者は「来て」から「取り」ます。

・你拿去。(持って行って。)
・你去拿。(取りに行って。)

前者は「持って」から「行く」のに対し，後者は「行って」から「取り」ます。
目的語を入れてみましょう。

・你拿伞来。／你把伞拿来。(傘を持って来て。)
・你来拿伞。(傘を取りに来て。)
・你拿粉笔去。／你把粉笔拿去。(チョークをもって行って。)
・你去拿粉笔。(チョークを取りに行って。)

このうち，

・你拿去。
・你拿粉笔去。

は,「持って行く」「チョークを持って行く」だけでなく,「取りに行く」「チョークを取りに行く」にも取れます。これは"〜去"だけがもつ用法で，文末に置いて,「〜しに行く」という意味で使うことができるからです。たとえば,

・咱们一块儿玩儿去吧。(一緒に遊びに行きましょう。)
・我上班去。(仕事に行きます。)
・吃饭去吧。(食事に行きましょう。)

まずすることを言ってから，"〜去"ですから，日本語的発想で言えて楽です。ただ，これは共通語ではあくまで"〜去"だけにみられる現象で，"〜来"(〜しにくる)では，未来や意志を表す場合には使えず,

・你干什么来了？(君は何をしに来たの。)
・我买菜来了。(わたしはおかずを買いに来た。)

のように，"了"をつけて言う必要があります。

3. 方向補語の派生義

(1)方向補語を全体として捉えよう

　方向補語にはいろいろな派生義があり，これを知らないと中国語の微妙なニュアンスがわかりません。ただし，すべての方向補語にこの派生義が生じているわけではありません。まず，全体をつかんだ上で，細かなことを覚えるようにしましょう。

　下の表では，派生義があるもの・派生義どうしで関連あるものを　　で示しました。□は派生義どうしがペアになっています。　　も□もついていないものは派生義がないか，それほど重要でないものです。

[表2]

上				
	上来	上去	跑上来	跑上去
下	下来		留下	留下来
	下来	下去	活下来	活下去
进	进来	进去		
出	出来		看出	看出来
		出去		
回	回来	回去		
过				
	过来	过去	醒过来	晕过去
起	起来		想起	想起来

　"上"は結果補語のところで説明しましたが，「付着」を意味する派生義がよく使われました。しかし，これはここで問題にする派生義の"上来""上去"とは直接関係がありません。"上来"と"上去"は「上がって来る；行く」ではなく，「向かって来る；行く」という意味で対立するペアです。

　「残存・離脱義」の"下"と"下来"とはつながっていて，"来"はあっても

なくてもいいときと，必須のときがあります。"下来"と"下去"とは「過去から現在，現在から未来への継続」という意味でペアになっています。
　"出"と"出来"とは，
・她拿出本子来。（彼女はノートを取りだした。）
・她拿出来。（彼女は取り出した。）
のように，前者は単独で使えず，目的語をあとにとるときのカタチです。後者も目的語をとれますが，単独で使えるカタチでもあります。
　"过来""过去"は，「正常・非正常」という意味をなすペアです（☞p. 117）。
　最後の"起""起来"も，"出""出来"と同じく単独で使えるかどうかの違いで，
　*我想起
だけでは使えませんが，
　我想起来了。（想い出した。）
は，これだけで使うことができます。
　上でとりあげなかったものはとくに派生義がないものですが，つぎにあげるように，日本語ではとくに方向を表す動詞を加えないのに，中国語ではつけるものがあります。
・我怕嫁不出去。（嫁にいけないかと心配しています。）
・有些话，我没有说出来。（話の中には，言い出せないものがあった。）
・我想笑，可是怎么也笑不出来。
　　（笑おうと思ったが，どうしても笑えなかった。）
・我心里很难过,差一点儿哭出来。（悲しくて，もう少しで泣きそうだった。）
・我的话，他根本听不进去。（私の話を彼はまったく聞き入れようとしない。）
　"想起来"というのは，本来「記憶の底に沈んでいたものが上がってくる」ということで，派生義の中にいれにくいので，ここで説明しておきます。
・我想想，啊，我想起来了。（う～ん，そうそう，思い出した。）

　◆比較◆　"想起来"と"想出来"
　　この二つはどちらもよく出てきますが，紛らわしいものです。違いは，前者が「かつて覚えていたものを思い出す」のに対して，後者は「無から有を生み出す；もともとなかったものを，考えることで考え出す」ことです。
・我已经想出一个好办法来了。（もう良い考えを思いついた。）

・你这么一说，我就想起我爸来了。
　　（君がそう言ったので，お父さんを思い出したよ。）
　日本語では「思い出せ」は命令文で使えますが，"想起来"は思い出した結果しか言えません。思い出そうとする行為は上の例にある"想想"です。

　表をざっと説明してきました。以下もう少し詳しくみていきましょう。
　派生義のうち，まずおさえておきたいのは次の三つです。覚えやすいように二字の漢語でまとめました。
　①起（来）：a）開始，b）収束
　②上　　　：付着・達成
　③下（来）：a）残存，b）離脱，c）静止

①起（来）

a）開始
　方向補語の派生義の代表的なもので，"〜起来"とくれば，まずこの意味を思い浮かべましょう。
・妈妈突然笑起来了。（母はいきなり笑い出した。）
・他一看是外国人就和我丈夫吵了起来。
　　（彼は見て外国人だと分かると，夫と喧嘩しだした。）
・6：30，电话准时响起来。（6時半に電話が時間通りなりだした。）
・下起雨来了。（雨が降り出した。）

a'）〜しくみると
　これは「開始」の応用で，単独では現れず，複文の従属節に使われるのが特徴的です。
・说起来话长。（話せば長い。）
・看起来，好像要下雨。（どうも雨が降りそうだ。）
・说起北京，人们马上就想到了四合院。
　　（北京と言えば，すぐに四合院を思いつく。）

b）収束
　バラバラのものがまとまるという意味を表します。
・你藏好了吗？快藏起来。
　　（隠れた？早く隠れて。※母と子がかくれんぼをしている場面）

・你快把卡收起来。（早くカードをしまって。）

"～起"となるのは，単独で使えない場合で，あとに目的語が必要です。"起来"は目的語もとれますが，上の例からもわかるように，自動詞や"把"構文では必須です。

ただし，"从"と呼応するときは，"V起"だけで使えます。

・我从哪儿说起呢？（どこから話そうかな。）
・我们必须从这一点做起。
　（わたしたちはぜひともここからはじめなければならない。）
・从我做起。（わたしから始める。※環境運動のスローガン）

②上

付着・達成

ぴたっとくっつく感じ。これは結果補語のところでもみましたので，いくつか例を出すだけにします。

・你把门关上。（ドアを閉めて。）
・请把书合上。（本を閉じて下さい。）
・起风了，你快把衣服穿上。（風が出てきた，早く服を着て。）
・她总算考上大学了。（彼女はやっと大学に合格した。）
・我不知不觉地爱上她了。
　（わたしは知らないうちに彼女を好きになってしまった。）

③下（来）

a）残存

何かが残る，何かを残すという意味を加えます。目的語があるときはふつう"～下"だけのカタチが選ばれます。

・你今天留下（来）。（今日は残ってください。）
・她给我留下了很深的印象。（彼女はわたしに深い印象を残した。）

一つ目の"留下"は自動詞で「残る」ですが，二つ目は他動詞で「残す」という意味です。"留下"には，自動詞・他動詞両方の用法があります。

・剩下的都给你。（残った物は全部あなたにあげます。）
・屋里只剩下我一个人。（部屋の中にはわたし一人だけが残った。）

"剩下"は自動詞で「残る」という意味で，二つ目は存在を表す文に使われ

ています。

> 注　結果補語のところであげた,
> ・你吃不了剩下吧。(食べ切れなければ残しなさい。)
>
> は,「残しなさい」と他動詞に訳せますが, 実際は「余らせておけ」ということです。なお, この"剩下"は全体で他の動詞の補語になることがあります。
> ・这是我们吃剩下的。(これはわたしたちが食べ残したものです。)
> ・弟弟用的是我用剩下的。
> 　　　(弟が使ったのはわたしが使い残したものです。)

・请大家把这段课文背下来。(皆さんこの1段落の本文を暗唱して下さい。)
　"记"=「覚える」の補語は「とどめる」義の"(记)住"でしたが, "背"=「暗唱する」の補語は,「何かが残る」という"下来"です。
・我很想把这个故事写下来。(わたしはこの物語を書き残しておきたい。)
　"写上"が「書き付ける」のに対し, "写下来"は「書き残す」でニュアンスが違います。
　"把"構文においては, "背下来""写下来"と, それぞれ"下来"のカタチになっていることに注意してください。

b) 離脱

　下向きの動作のようにも見えますが,「ある場所からはずす」という意味で, はずし方は上に向いていてもかまいません。
・她摘下眼镜, 擦了一下。(彼女はめがねをはずして, さっと拭いた。)
・哎呀, 衣服淋湿了, 快脱下来, 挂在这儿吧。
　　　(ああ, 服がびしょぬれだ, 早く脱いで, ここにかけて。)
　この"下"は目的語をとるときは"下"のままでかまいませんが, "把"の文に用いられると,
・你快把雨衣脱下来。(早くレインコートを脱いで。)
のように, "下来"としなくてはいけません。

c) 静止

　a)の一種と考えてもいいのですが,「静止状態に入る」というのを一つとみておきましょう。
・他停下来, 静静地望着我。(彼は話をやめて, 私の方を静かにみやった。)

(2)その他の派生義で重要なもの

①"上来、上去"——接近

この用法は"上"の「～に向かう」に"来""去"がついたもので，対象への接近を表します。

・打猎的追上来一看，狼不见了。
　　（猟師が追いかけてきてみると，オオカミの姿はみえなくなっていた。）

"追上"は「追いつく」ことですが，"追上来"は「追いかけてやってくる」ことで，まだ追いついてはいません。

・我迎上去，跟他握了握手。
　　（わたしはまっすぐ向かっていって，彼と握手をした。）

②"下来、下去"——継続

"下来"は「過去から現在への継続」，"下去"は「現在から未来への継続」を表します。ただし，よく使われるのは，現在から未来への"下去"の方です。

・我总算坚持下来了。（やっとのことでもちこたえてきた。）
・你一定要活下去。（君はかならず生き続けなくてはいけない。）
・好，你接着说下去。（わかりました，続けて話しなさい。）
・我激动得再也说不下去了。
　　（私は興奮してもうそれ以上話を続けられなくなった。）

> 注　"活"（生きる）という動詞は面白い動詞で，"活着"は「生きている」ですが，"活了"だけだと「生き返った」という意味になります。

③"出来"——判別

何かがわかるということを表します。

・他不是中国人，我一看就看出来了。
　　（彼は中国人ではありません，見てすぐにわかりました。）
・你变了，我都认不出来了。
　　（あなたは変わってしまったね，全くわからなくなった。）
・(在电话里)"你是？""你听不出来了？"
　　（〔電話で〕「あなたは…」「〔声で〕わからないの。」）

目的語は，"出"と"来"の間に入ります。

- 我已经认出他来了，可他还没认出我来。（わたしは彼が誰だかもうわかったが、彼はわたしが誰だかまだわかっていない。）

④ "过来、过去" —— 正常・非正常

"过来"は「正常に向かう」こと，"过去"は「非正常に向かう」ことを表します。"过"で正常と非正常の過程を表しています。

- 我慢慢地明白过来了。（わたしはだんだんとわかってきた。）
- 经过医生抢救，他终于醒过来了。
  （医者の手当の甲斐あって，彼はついに意識をとりもどした。）
- 他的发音老是改不过来。（彼の発音は，どうしても直らない。）
- 听到儿子出车祸的事，她几乎晕过去了。（息子が交通事故にあったという知らせを聞いて，彼女は気を失いそうになった。）

⑤ "～不过来" —— 余裕がない

これは"～不过来"と必ず否定形で使います。

- 我一个人忙不过来，你来帮帮忙。
  （一人では手がまわりません，手伝って下さい。）
- 这么多作文，你一个晚上看得过来吗？
  （こんなにたくさんの作文を一晩で見切れますか。）

動詞の「時」(テンス)と「すがた」(アスペクト)

5

ここでは動詞の「時」（テンス）と「すがた」（アスペクト）についてお話しします。テンスやアスペクトというと，ずいぶん難しそうに聞こえますが，要は現在・過去・未来とか，～シテイル・～シハジメル・～シオワル等，動作のいくつかの段階，局面を中国語ではどう表しているかを考えようというものです。
　まず全体を概観して，そのあと"了""在""着"等を細かくみていきましょう。

1. テンス・アスペクトと中国語の動詞

(1)中国語にはテンスがない

　テンスというのは，動作・行為や状態のなりたつ時と，話をしている時（発話時）との関係が動詞のカタチの上に示されているもので，日本語で言えば，「食ベル」は現在・未来形，「食ベタ」は過去形と言われます。中国語の"吃"はどんな場合も"吃"で変わりませんから，中国語の動詞にはテンスというものがないといわれるわけです。しかし，動詞そのものの性質や，他の語とのくっつき，文脈などで未来・現在・過去を表すことができます。
　中国語では，未来は日本語と同じく，
　・你干什么？（何をするの。）
とハダカの動詞でいうことができますが，過去は，「実現（完了）」を表す"了"を借りて，
　・你干什么了？（何をしたの。）
のように言うしかありません。現在は，「進行」を表す副詞の"在"を用い，
　・你在干什么？（何をしているの。）
と言います。これ以外に「持続」の"着"というものがあります。後で詳しくみますが，
　＊你干着什么？
が言えないように，"着"には結びつく動詞や，使われる場面に制約があります。
　実現（完了）や進行というのは本来テンスとは無関係のもので，"了"は，

・下了课，咱们看电影去。
　　（授業が終わったら，わたしたち映画を見に行こう。）
・张老师听了一定会高兴的。
　　（チャン先生が聞いたら，きっとよろこびますよ。）
・你妈见了一定喜欢。（あなたのお母さんが会ったらきっと気に入るよ。）

のように，未来における完了を表すこともできますし，"在" も

・昨天她去的时候，你在干什么？
　　（昨日彼女が行った時，あなたは何をしていましたか。）
・那时候，牛牛还在吃奶。
　　（当時ニュウニュウはまだお母さんのお乳を飲んでいた。）

のように，基準となる時間（波線部）が示されていれば，過去にも（あるいは未来にも）使うことができます。ただし，そういう基準とする時がなく，単に「何ヲシテイタノ」ときくときは，

・你干什么了？

と動作をまるごと言うか，あるいは，これは北京語的なのですが，「回想」を表す "来着" を使って，

・你干什么来着？

と言います。「どうしてそんなにおそく寝たの」ときかれて，「本を読んでいたんだ」というときも，

・你怎么睡得那么晚？——我看书了〔来着〕。

のように言います。「～している」と「～していた」とは中国語で表しかたが違うときがありますので注意しましょう。

(2) 状態動詞

　上で述べたことは，実はあくまで動詞が動作動詞（で，しかも持続性動詞）の場合です。状態動詞の場合は少々事情がちがってきます。
　状態動詞というのは，
・你现在在哪儿？（君は今どこにいるの。）
・我怕老婆。（わたしは女房がこわい。）
・我认识她。（わたしは彼女を知っている。）

のように，そのままのカタチで現在のことが言えるもので，文脈があれば，何

もつけずこのままで過去を表すこともできます。たとえば，
　・我昨天在家。（わたしは昨日家にいた。）
　・我小时候特别怕狗。（わたしは小さい頃とっても犬がにがてだった。）
というふうに。
　中国語の動詞はテンスによってカタチが変わらない，だからテンスがないのだといわれるときに，よく引き合いに出されるのは，実はこの状態動詞なのです。動作動詞では，上でもすこしふれたように，
　・昨天我去动物园了。（昨日わたしは動物園に行きました。）
のように，"了"をつけてやらなければいけません。
　ただし，動作動詞が過去に使われていても，
　・他去年在中国工作。（彼は去年中国で働いていた。）
　・以前她常常来我家玩儿。（以前彼女はよく家に遊びに来た。）
のように，「恒常的な動作；習慣的な動作」ではいちいち"了"をつけません。
　ついでに言えば，形容詞も，
　・昨天天气很好。（昨日は天気がとてもよかった。）
　・昨天我很累。（昨日わたしはとても疲れていた。）
のように，中国語では過去でもそのままです。後で述べますが，形容詞につく"了"は変化を表します。日本語の「〜た」にひきずられて，"了"をつけないようにしましょう。

　中国語の状態動詞は日本語よりも豊富です。たとえば，
　・你知道吗？
の"知道"は「知る」ではなく「知っている」と理解すべきです。ちょうど英語の *know* が「知っている」であるように。
　・你有笔吗？
も，「書くものをもっていますか」であって，「もちますか」ではありません。これらは日本語ではどちらも「〜ている」をつけないと現在の状態を表せないものです。
　ほかにも次のようなものがあります。どれもこのままで現在の状態を表しています。

a) 存在・所有を表すもの
　・你有妹妹吗？（あなたには妹さんがいますか。）

・你现在在哪儿？（あなたは今どこにいますか。）
  b）心理活動を表すもの
・你怕我吗？（わたしがこわいですか。）
・你真的喜欢我吗？（本当にわたしのことが好きですか。）
・我羡慕她。（彼女がうらやましい。）
・我相信你。（わたしはあなたを信じている。）
・我爱她。（わたしは彼女を愛している。）
・我恨他。（わたしは彼が憎い。）
・你要什么？（あなたは何がほしいですか。）
・你想家吗？（あなたはホームシックになりますか。）
・他很关心你。（彼はあなたにとても関心をもっている。）
・他很同情你。（彼はあなたにとても同情している。）
・女儿很体贴父母。（娘は両親に思いやりがある。）
  c）知覚や認識を表すもの
・你懂吗？（わかりますか。）
・你还记得吗？（まだ覚えていますか。）
・我明白。（わたしはわかります。）
・我了解他。（わたしは彼のことをよく知っています。）
・我熟悉这个地方。（わたしはこの場所をよく知っています。）
・我理解你。（わたしはあなたを理解している。）
  d）*be* 動詞的なもの
・你是王先生吧？（あなたはワンさんでしょう。）
・我叫刘建国。（わたしはリウチェンクォと言います。）
・你姓什么？（あなたの姓はなんですか。）
・她长得很像她妈妈。（彼女はとても母親に似ている。）
  e）生理現象を表すもの
・我有点儿发烧。（わたしは少し熱がある。）
・你咳嗽吗？（せきが出ますか。）

"怕""喜欢""要"のように，日本語に訳すと「こわい」「好きだ」「ほしい」のように，感情を表す形容詞（形容動詞）に対応するものもあります。また，"爱""相信"などは現在のことも未来のことも表すことができます。たとえば，
・你大胆地爱他吧。（思いきって彼を愛しなさい。）

・你相信我吧。(わたしを信じてください。)

は未来のことを言っています。ちなみに，英語の*love*にも，「愛している；愛する」の二つの意味があります。

　中国語の状態動詞は，カタチが変わらないので意識されることが少ないのですが，状態ではなく，状態のはじまり(出来事)を表すときがあります。たとえば，

・认识你，我很高兴。(あなたと知り合えてとてもうれしいです。)
・看了你的信，我知道你一切很顺利。(あなたの手紙をみて，あなたが今すべて順調であることがわかりました。)

"认识"は単文で出てくるときは「見知っている」という状態的な意味ですが，上の例では「見知った」ということで状態の始まり(出来事)を表しています。"知道"も，

・我知道你一切很顺利。
　　　(あなたが今すべて順調であることを知っています。)

だけなら，「知っている」ですが，上のような複文の主文に使われると「知った」になります。どちらもよく出てくるものですが，意識していないと見えないものです。

　　　注　"知道了。"は単独では，「わかった；承知しました」という意味で使われます。

(3)変化性動詞・静態動詞

　変化性動詞は変化を表す動詞で，瞬間動詞とも呼ばれているものです。しかし，一瞬にして終わるものでもないので，むしろ変化の側面を重視して変化性動詞と呼ぶことにします。変化性動詞は持続性動詞に対立するもので，

・陶奇来了。(タオチイが来た。)
・上海到了。(上海に着きました。)
・周老师走了。(チョウ先生は帰りました。)
・小李死了。(リーさんは死にました。)
・我忘了。(わたしは忘れました。)
・他们已经出发了。(彼らはもう出発しました。)
・我哥哥大学已经毕业了。(兄は大学をもう卒業しました。)
・她结婚了。(彼女は結婚しました。)

のように変化を表します。ただし，これらも動作動詞のなかまですから，未来はそのままのカタチで，

　・我明年结婚。（私は来年結婚する。）

となります。ちがうのは，現在の状態を表すのに"在"は使えず，

　・她结婚了。（彼女は結婚している。）

と，実現（完了）の"了"がそのまま用いられることです。日本語にひきずられて，"在"や"着"をつけないようにしましょう。

　・陶奇来了。（タオチイが来ている。）

も「来タ」「来テイル」両方に解することができます。

　・我忘了。

などは，「忘れた；忘れている」という日本語にも「忘れていた」という日本語にも対応します。「忘れていた」は思い出したときにいうことばで，実質は「思い出した」ということです。

　・"是不是水开了？" "啊，忘了。"
　　　（「お湯が沸いたんじゃない。」「あ，忘れてた。」）

また，"去"などの移動動詞は，「行った」も「行っていた」もともに，

　・"你去哪儿了？" "我去香港了。"
　　　（「どこへ行ってたの。」「香港へ行ってたんです。」）

のように"了"で表すしかありません。

"睡"は動作動詞と変化動詞の両面をもっています。たとえば，

　・我昨天睡了十个小时。（わたしは昨日10時間寝た。）
　・我昨天睡得很早。（わたしは昨日早く寝た。）

は動作動詞の場合，

　・她睡得很快。（彼女は寝付くのがとても速い。）

は変化動詞の場合です。

持続性動詞が"了"をともなって現在の状態を表す場合があります。たとえば，

　・我家订了两份报纸。（うちでは新聞を二種類とっている。）
　・我家养了一只小狗。（うちでは子犬を一匹飼っている。）
　・我在学校附近租了一间房。（わたしは学校の近くに下宿している。）

などは，どれも日本語では「〜ている」で訳します。中国語では，"订"を除いて，"着"で置き換えることもできますが，"了"を使う方が多いでしょう。

日本語の「スワル」や「立ツ」は変化動詞と考えられていますが，中国語の"坐"や"站""躺""趴"は持続性動詞ですので，"了"をつけても「スワッテイル」「タッテイル」にはなりません。では"在"をとるかといえばそれもできず，現在のことをいう時には，持続を示す接尾辞の"着"zheをともなうか「"～在"＋場所」のカタチをとらなくてはなりません。
・他坐着／他坐在那儿。（彼はすわっている／あそこにすわっている。）
・他站着／他站在那儿。（彼は立っている／あそこに立っている。）
・他躺着／他躺在那儿。（彼は横になっている／あそこに横になっている。）

これらは，一定状態を維持するような，静かな動きを表す動詞（静態動詞）で"着"との相性がもっともいいものです，ただし，これらも動作動詞のなかまですから，一定の動作量をともなえば未来や過去を表せます。
・你坐一会儿吧。
　　（しばらく腰をかけていなさい。──→ゆっくりして行きなさい。）
・我在她那儿坐了一会儿。（わたしは彼女のところにしばらくいた。）

2. "了"について

(1)"了₁"と"了₂"

全体をおおざっぱに概観したところで，以下まず"了"について詳しくみていきましょう。詳しくと言っても，詳しく分ければ分けるほど逆にわけがわからなくなることもありますから，すっきりしたカタチを提示することにしましょう。

一般に"了"は二つの面から問題にすることができます。一つは"了"をどう解釈するかという問題。もう一つは，"了"をどう使うか，どこに使うか，どこで使ってはいけないかといった問題です。解釈では，特に変化の"了"をみのがさないことが大事です。たとえば，
・我听不懂了。
を「聞いてわからなかった。」と訳しているようではだめで，「聞いてわからなくなった。」と訳さなければいけません。

・我不玩儿了，想回家了。

も，変化の"了"を生かして「もう遊ばない，帰りたくなった。」と訳せないといけません。

　もう一つのどう使うかという問題は中国人でもゆれがあり，一律にこうだということは難しいのですが，ここでは最低限のことだけはふれたいと思います。

　さて，"了"には動詞の接尾辞としての"了₁"と，文末に来る語気（助）詞としての"了₂"があり，"了₁"は基本的に実現（完了），"了₂"は変化を表します。

▶▶ 了₁ ◀◀
　"了₁"は，動詞，形容詞の後におかれ，動作，変化，状態の実現を表します。
・我买了一斤苹果。（わたしはリンゴを1斤〔= 500グラム〕買った。）
・今天我吃了一斤饺子。（今日わたしはギョーザを1斤食べた。）
・我那个朋友死了十五年了。
　　（わたしのあの友だちは亡くなって15年になる。）
・由于经常在一起，他们之间逐渐产生了爱情。（いつもいっしょにいたので，彼らの間にはだんだん愛情が芽生えた。）
・我知道了她的秘密。（わたしは彼女の秘密を知った。）
・这十年来中国有了很大的变化。
　　（この10年来中国では大きな変化があった。）
・这个月只晴了五天。（今月は晴れた日が5日しかなかった。）

"买"と"吃"は持続性動詞，"死"と"产生"は変化性動詞，"知道"と"有"は状態動詞，"晴"は形容詞の場合です。どれも文中にあることに注意してください。

　かつて"了"は完了を表すと言われていたのですが，上の例で言えば，"买了"や"吃了"はともかく，"死了"や"有了"，さらには"晴了"まで「完了」といえるかどうか疑問です。そこで「実現」説が出てきました。これだと"有了"でも，（「ある」という）状態の実現で説明できます。しかし，これはことばの定義の問題でもありますから，「完了」と言う用語を使っても，中身は「実現」のことだと解釈しておけばいいのです。本書では基本的に「実現（完了）」という表現を使っています。

▶▶ "了₂" ◀◀

これに対し，"了₂"は，文末におかれ，変化や変化に気づくことを表します。文末にあって，その前が動詞でないときはすべて"了₂"と思っていいでしょう。

- 天气冷了。（気候が寒くなった。）
- 老了，头发都白了。（年をとったよ，髪の毛も白くなって。）
- 我的自行车坏了。（わたしの自転車はこわれた。）
- 他二十岁了。（彼は二十歳になった。）
- 都几点了，你还不起来？（何時だと思ってるの，いつまで寝てるの。）
- 下雨了！（雨だ。）
- 这盒给你了。（この箱あなたにあげる。）
- 八年了，别提它了。（もう8年になる。それを話題にするのはやめてくれ。）
- 她现在是大学生了。（彼女は今では大学生だ。）
- 中学生了，还这么淘气！
  （中学生にもなって，まだこんなにいたずらなんて。）
- 后来怎么样了？（その後どうなったの。）

以上の"了₂"は「変化」（〜になる）で説明がつきます。

▶▶ 動詞＋"了" ◀◀

動詞＋"了"で文が終わっている場合は，二通りのケースが考えられます。一つは，

- 王老师走了。（ワン先生は帰った。）　　［了₁₊₂］

のように，動作の実現を表す"了₁"と変化を表す"了₂"が合わさっていると考えるものです（こうした場合，中国語では一つの"了"しか表面には現れません）。しかし，

- 我走了。（わたしは帰ります。）

を同じように説明することは困難です。これは「帰ることにした」という意味ですから，どう考えても"了₂"しかかかわっていません。

もう一つ例をあげましょう。

- 有了。

の場合は，［了₁₊₂］の場合は，「できた；すでにある」ということです。たとえば，次は老舎の《骆驼祥子》からの例です。

- "祥子！"她往近凑了凑："我有啦！""有了什么？"他一时蒙住了。"这

个！"她指了指肚子。(「シアンツ。」彼女は近づいて来て言った。「できたわよ。」「なにができたって。」彼はしばし呆然とした。「これよ。」彼女はおなかを指さした。)

ここでの"有了。"は日本語の「できた」と同じく「妊娠した」という意味です。しかし，何かをさがしていて見つけたときに，

　・有了，有了。(あった，あった。)

と言う「変化に気づく発見」の"了$_2$"も存在します。これはつまるところ文末ではかならず"了$_2$"がかかわると考えればいいのです。そして，場合によってはこれに"了$_1$"が加わって"了$_{1+2}$"になる（しかし一つは消える）こともあるというわけです。

▶▶ 否定詞・禁止の副詞・助動詞＋動詞＋"了" ◀◀

　「動詞＋"了"」で文が終わっていても，その前に否定詞・禁止の副詞それに助動詞の類があれば，この"了"は"了$_2$"で，否定詞・禁止の副詞，それに助動詞と呼応します。たとえば，

　・我不去了。(私は行かないことにした。)
　・我不玩儿了，想回家了。(もう遊ぶのやめた，帰りたくなったわ。)
　・我知道你不爱我了。(あなたがもうわたしを愛してないのはわかってる。)
　・好了，不说了。(もういい，言うのはやめる。)

のように，"不～了"は「～するのをやめた；もう～しないことにした」と中止を表します。

　・"你进来坐一会儿吧。""谢谢，我不坐了。"
　　(「ちょっとあがって行かない。」「ありがとう，やめとくよ。」)

という文で"不坐"とだけ言うとぶしつけな感じがします。変化の"了"をつけて，「スワル気があったんだけどやめておきます。」というと婉曲なことわりになるわけです。

　同じ"不～了"でも，"不在了"は使うときに注意が必要です。というのは，文脈ぬきで言うと「もういなくなった──→死んだ」となるからです。ただし，次のように，文脈があれば，「単にその場からいなくなる」という意味でも使えます。

　・我起床的时候，他已经不在了。
　　(わたしが起きたときには，彼はもういなかった。)

> 注　わたしは入門段階では，よく以下の三つの文を比較させます。
> ・我不去。(わたしは行かない。)
> ・我没去。(わたしは行かなかった；行っていない。)
> ・我不去了。(私は行かないことにした。)
> このうち，学習者は"不～了"がもっとも苦手なようです。"不去了。"を「行かなかった。」と訳さないようにしましょう。

"別～了"の"了"についても，文法書によっては「禁止の語気」などと書いてあるものもありますが，やはり変化の"了₂"で，「もう～するな」ということです。たとえば，

・上课了，别说话了。(授業です，もう話をするのはやめなさい。)
・你们别干了，休息一会儿吧。
　　(もう仕事をするのはやめて，少しやすんだら。)

のように。ところで，

・別哭。(泣くんじゃない。)

は，相手が泣いていても，泣く前でも言えますが，

・好了，好了，别哭了。(よし，よし，もう泣かないで。)

は，相手が泣いている場合にしか言えません。こういう場合は，中止をもとめていると考えるといいでしょう。"不～了"につながるものです。

ただ，動詞によって多少状況が異なります。たとえば，

・別忘了。(忘れてはいけない。／忘れないで。)

の"了"は結果補語に近い"了"で，否定でも"没忘了"と"了"が残ることがあるくらいで，これは単に「忘れるな」という意味です。

また，人によって多少反応が違うのですが，

・別喝了。

も，

・你喝了已经不少了，别喝了。(君はもうたくさん飲んでいる，もう飲むな。)

のように，「もう飲むな」という場合と，

・这是给老刘的，你别喝了。
　　(これはリウさんにあげるものだから，飲んではいけない。)

のように，まだ飲んでなくて，単に「飲むな」の場合があります。後者の"了"も結果補語に近い"了"です。

助動詞が動詞の前にあるとき，文末の"了"はその前に動詞があっても助動詞と呼応します。
- 小孩儿会走了。（子どもは歩けるようになった。）
- 我现在可以出院了。（今はもう退院できます。）
- 现在能看懂了。（今では読んでわかるようになった。）
- 中文广播现在我能听懂了。
   （中国語の放送を今わたしは聞いてわかるようになった。）
- 你是不是想搞对象了？（相手がほしくなったの。）
- 每次老师都先给我们介绍一下电影的内容，这样我们容易看懂了。
   （毎回先生は前もってわたしたちに映画の内容を紹介してくれます。こうしてくださるのでわたしたちは内容の理解が容易になります。）

助動詞のところでもふれますが（☞p.201），"容易"も助動詞の仲間と考えていいものです。

次のように，「"不"＋助動詞＋"〜了"」となることもあります。この場合ももちろん最終的には"不〜了"ということになります。
- 我跟他说我真的不想活了。
   （わたしは彼に本当にもう生きるのがいやになったと言った。）
- 后来……，我不想说了。你明白吗？
   （それから……，もう話したくない，わかる？）

▶▶ "了₂"の二つの側面 ◀◀

一つ面倒なのは次のような場合です。どれも"了₂"なのですが，二つの解釈ができます。
- 吃饭了。　　a. ご飯だよ。——"冬冬，洗洗手，吃饭了。"（トントン，手を洗って。ご飯だよ。）
　　　　　　　b. ご飯を食べた。
- 休息了。　　a. 休憩だよ。
　　　　　　　b. 休んだ。
- 下雨了。　　a. 雨だ。雨が降ってきた。
　　　　　　　b. 雨が降った。
- 麻烦你了。　a. お世話になります。お願いします。
　　　　　　　b. お世話になりました。

人によっては，bの方の"了"を"了₁"が文末にきたと説明する人もいま

すが，それより，bも変化の一種として説明するといいと思います。変化の"了₂"に2種類のバリアント（変種）があると考えればいいのです。

▶▶ 二つの"了"と時間補語 ◀◀

時間補語がある場合，"了₂"を使うかどうかは少々複雑です。

まず，動詞が持続性動詞の場合は，"了₁"だけの場合と"了₂"を使う場合で意味がちがってきます。

・我学了三年汉语。（3年中国語を勉強した。）
・我学了三年汉语了。（3年中国語を勉強してきた。）

"了₂"は変化を表しますから，二つ目の文は，現在までつながっています。逆に言えば，過去に，ある時間ある動作をしたという場合は，文末に"了₂"をつけてはいけません。たとえば，

・我在北京住了一年。（わたしは北京に1年住んでいた。）
・我在北京住了一年了。（わたしは北京に住んで1年になる。）

一つ目の文はもはや住んでいませんが，二つ目の文は（今後住み続けるかどうかは別として）少なくとも現在まで住んできたということを表しています。

以上は持続性動詞の場合です。変化性動詞の場合，時間の長さを問題にできるとすれば，変化が実現してから現在までの経過時間になります。したがって，変化性動詞では，文末の"了"が欠かせません。

・我那个朋友死了六年了。（その友だちが亡くなって6年になる。）
・你到日本多长时间了？（日本に来てどのくらいになりますか。）
・我们结婚十五年了。（わたしたちは結婚して15年になります。）
・你高中毕业几年了？（あなたは高校を卒業して何年になりますか。）

動詞が一音節の場合は，ふつう"了₁"をともないますが，二音節では使わないのがふつうです。つまり，

△我们结婚了十五年了。
△你高中毕业了几年了？

とはあまり言いません。また，

・你到日本多长时间了？

のように，動詞が目的語をとっているときは，

△你到了日本多长时间了？
＊你到日本了多长时间了？

のように，動詞の後にも目的語の後にも"了"をつけてはいけません。

▶▶ "了"と"完" ◀◀

"了"も完了なのに，なぜその上"完"があるのかと不思議に思われる方があるかも知れませんが，そもそも"了"は動作が確かに行われたというだけで，どれだけ行われたか最後まで行われたかどうかについては不明です。ですから，

・看了，可是没看完。（読んだが最後まで読んでいない。）

ということが可能ですし，次のような例でも，"完"がほしいところです。

・你用（　）了还给我。（使ったら返してね。）
・你看（　）了借给我。（読んだら貸してね。）

(2) "了"がいるとき，いらぬとき

次にどんなときに"了"がいるか，いらないかについて考えていきましょう。

① "了"と文終止

"了"でよく問題になるのは，どこに使えば文が終わるかということがあります。たとえば，

△我吃了饭。

というのは，一般にこれだけでは文が終わらないとされます。

終わらなければどうするか。終わらせる方法には二つあります。一つは，

・我吃了饭了。

のように，文末に変化の"了"をつけて文を終わらせるやり方。もう一つは，

・我吃了三碗饭。

のように，目的語になんらかの数量限定語をつけて，ある一定量の動作が行われたことを示すやり方です。

終わらないなら別の語を足して続けてやるという方法もあります。たとえば，

・吃了饭就走吧。（ご飯を食べたら出かけましょう。）
・吃了饭再说吧。（ご飯を食べてからのことにしましょう。）

のように。

ところで，文末に"了"があると，動詞の後の"了"は省略されることがあります。そうすると，上でも述べたように，

・我吃了饭了。

の意味で以下の文が使われることがあります。

・我吃饭了。

同じように，

・你学了多长时间了？

・你来了多长时间了？

でも，動詞のあとの"了"がとれて，

・你学多长时间了？

・你来多长时间了？

となることがあります。どちらにせよ，

・我吃了饭了。

のような文はくどいのであまり使われることはありません。ただ，

・你在这儿吃饭吧。（ここでご飯を食べて行ったら。）

と言われたときは，

・谢谢，我吃了饭了。

と言うのがふつうで，

・我吃饭了。

はあまりふさわしくないようです。日本語でいえば，"我吃了饭了。"は，「もうすませてしまってある」というようなニュアンスなのでしょう。

> 注 「動詞＋"了"＋単純な目的語」であっても文が終わるケースがあります。
> ・昨天我们参观了人民大会堂。
> 　（昨日わたしたちは人民大会堂を見学した。）
> ・他们每天上班一起来，下班一起回去，渐渐地产生了感情。
> 　（彼らは毎日仕事に来るときも仕事を終えて家に帰るときもいっしょだったので，段々と愛情が芽生えた。）
> ご覧のように，これらはなんらかの連用修飾語（状況語）が動詞の前についています。こういう場合，文末に"了₂"がなくても文は完結します。

②動詞が結果補語をともなうとき

動詞が結果補語をともなうと"了"がいらないことがあります。たとえば，

・见到你，我很高兴。（お会いできてとてもうれしい。）

という文は入門の最初にでも出てくるような文です。意味は明白でしょう。ここで，"见到"に"了"がついていないことに注意してください。これは，あ

くまで複文の従属節に使われているから省けるので，単文では，あくまで，
- 你见到他了吗？（彼に会えましたか。）

と"了"をつけて言わなくてはなりません。従属節で，動詞が結果補語をとると"了"がしばしば省かれるのです。次の例も同じです。
- 我作完练习，就去锻炼。
  （わたしは練習問題がすんだらトレーニングに行きます。）

ところで，
- 真没想到在这儿见到你。
  （ここであなたに会えるなんて思ってもみなかった。）

で"了"が省けるのは"没想到"が前にあるからです。日本語でも「ここであなたに会えるなんて思ってもみなかった」と言って「会えた」とはいいません。
- 一天，在学校里老师遇到一个学生。老师说："你太脏了！…"
  （ある日学校で先生がある生徒に会いました。先生は言いました。「君はなんてきたないんだ。」）

では，"一天"という時間詞と目的語に数量限定語がついていることが関係しています。同じことは，
- 昨天我看书看到三点。（昨日わたしは3時まで本を読んでいた。）
- 今天我一直睡到十点。（今日わたしはずっと10時まで寝ていた。）

でも言えます。どちらも結果補語の"到"と時間詞が文の成立をささえています。結果補語の"到"は半分の"了"だと言ってもいいでしょう。また，
- 小李昨天送给我一张电影票。
  （昨日リーさんはわたしに映画のチケットを1枚くれた。）

では，数量詞が名詞の前にあることと"～给"のカタチがかかわっています。もし，"V给"の形でなければ，
- 小李昨天送了我一张电影票。
- 小李昨天给了我一张电影票。

のように"了"が必要です。動詞の後の"～给"も結果補語に近い働きをしていると言えるでしょう。

③数量詞をともなった目的語が補語"来""去"の後にくる場合

移動動詞のところでも述べましたが，動詞が複雑方向補語をとり，数量詞をともなった目的語が"来""去"の後にくる場合もしばしば"了"をともなわ

ずに使えます。
- 他从图书馆借回来一本杂志。
    （彼は図書館から雑誌を一冊借りて帰ってきた。）
- 他从书架上拿下来几本书。（彼は本棚から本を何冊かとった。）

④ "来" "谢谢"

"来"はある特定の環境のもとでは，"了"ぬきで使われることがあります。たとえば，
- 你从哪儿来？（どこから来ましたか。）

という文は，入門段階でも出てくる文ですが，よく考えると，すでに相手は来ているのに"了"が入っていません。これは英語の，

Where are you from ?

Where do you come from ?

を連想させるものです。英語でも現在形が使われています。

もっとも，先の"你从哪儿来？"という文は，相手がまだ来ていないときにも使うことができますし，先の文も，誤解なく伝えるためには，
- 你是从哪儿来的？

のように"是～的"構文を使って言ったほうがいいでしょう。

"谢谢"がつくる文も"了"ぬきででてくるものがあります。
- 谢谢你特意来送我。（わざわざ見送りにきてくれてありがとう。）
- 谢谢你特意来接我。（わざわざ迎えにきてくれてありがとう。）

これはまだ"送"や"接"といった動作が「進行中」で終わっていないからです。
- 谢谢你提醒（了）我。（ご忠告ありがとう。）

などは，あってもなくても大丈夫です。すでに過去のことでなければ"了"は用いなくてかまいません。しかし，つぎのように，はっきり過去のことなら"了"がいります。
- 谢谢你救了我的命。（命を助けてくださってありがとう。）
- 谢谢你给了我这么大的帮助。
    （わたしをこんなに助けてくださってありがとう。）

⑤ 文を目的語にとる場合

中国語の動詞は文や引用文を目的語にとるときは，原則として"了"が落ちます。見方をかえれば，"了"がないことで，文を目的語にとっていることを示しているともいえます。

- 听说你病了，来看看你。（病気になったと聞いたので見にきたよ。）
- 我看见他出去了。（わたしは彼が出ていくのを見た。）
- 周莉说她马上就来。（チョウリーはすぐ来ると言った。）
- 李所长接过红包，客气地说："多谢，多谢！"（リー所長は赤い包みを受け取ると，「ありがとう，ありがとう」と恐縮して言った。）

最初の二つの文の"了"は，"病""出去"を受けているだけです。

⑥ 兼語式の第一動詞

兼語式の第一動詞は，過去の動作であってもしばしば"了"なしで使われます。

- 张老师叫你去。（チャン先生があなたに来るよう言っています。）
- 明天星期天，我妈让你到我家来玩儿。（明日は日曜日だから，母があなたに家に遊びにくるよう言っています。）
- 李经理让我向您问好。（リー支配人からあなたによろしくとのことです。）
- 她劝我戒烟。（彼女はわたしに禁煙するよう勧めた。）
- 她催我早点儿还钱。（彼女はわたしに早くお金を返すよう催促した。）

このように，三人称から二人称，一人称への働きかけは，後に文がこなくても，第一動詞はすでに実現しています。しかし，一人称から二人称，三人称の場合は，一人称の意志を表す場合もありますから，働きかけが実現しているかどうかは文脈が必要で，ふつう後にもう一つ文が続きます。

- 我让你回去，你怎么还在这儿？
  （帰るように言ったのに，どうしてまだここにいるんだ。）
- 我让你今天带词典来，你忘了吗？
  （君に今日辞書を持ってくるよう言ったのに，忘れたのか。）
- 我劝她戒烟，她不听。
  （わたしは彼女に禁煙するよう勧めたが，彼女は聞こうとしない。）

兼語式でも，第一動詞に「呼ぶ」という意味の"请"が来たときには，動作の前後関係を示すためにしばしば"了"を使います。

- 他们请了一个大学生辅导孩子。

(彼らは大学生を招いて子どもの勉強をみてもらっている。)

⑦直前に行われた発言に関する動詞

　日本語でも「何を言う！何言ってるの？」のように，現在形で直前の過去の動作を表すことがありますが，中国語でも"了"なしで言うことがあります。
・你说什么？（なんだって。）
・撒谎！（うそだ。うそつけ。）
・胡说！／瞎说！／胡说八道！（バカ言うな。）

ときに進行のカタチで言うこともあります。
・你在说谎！（うそ言ってる。）

⑧"了"をきらう副詞

　"了"をきらう副詞があります。それは"刚"と"才"で，単文では"了"をいれません。
・他刚回来。（彼は帰って来たばかりだ。）
・"你什么时候来的？""我刚来一会儿。"
　　（「いつ来たの。」「さっき来たところ。」）
・她十二点才回来。（彼女は12時になってやっと帰って来た。）

"刚"とよく対比される"刚才"は，逆に必ず"了"とともに使います。
・他刚才来了。（彼はさっき来ました。）

ただし，"刚"が"了"とともに使われることがあります。それは，後に時間を表すことばをともない，さらに後に文が続く場合です。
・他刚坐了两分钟就匆匆走了。
　　（彼は2, 3分いただけで，あわただしく行ってしまった。）

ただし，この場合も"坐了"の"了"は省くことができます。
・多可惜，刚上了两年大学就走了，文凭也没拿到！（2年大学に通っただけで行ってしまって，卒業証書ももらわなかったなんて，本当に残念だ。）

⑨過去を表す文にかこまれた場合

　過去を表す文にかこまれた場合も，"了"なしで使われることがあります。
・我有一个中国朋友病了，住在医院里。昨天下午我去看他。到了医院，找到了他的房间，敲门进去了。（ある中国人の友人が病気になり，入院した

ので，昨日の午後見舞いに行きました。病院についたあと，病室を見つけると，ノックをして中に入っていきました。）

ここでは，前の文にも後ろの文にも"了"が使われています。最初に"了"のついた文が出て，その後に，全体として何をしたかという文が続きます。こういうときは，しばしば過去でも"了"がとれます。

また，以下の文では，最初に過去を表すことばがきています。こういうものも"了"を使わない一つの条件になっています。

・有一天，<u>爸爸帯冬冬去公園玩儿，回来的時候経過一个玩具店。</u>冬冬看見……説：（ある日，お父さんはトントンをつれて公園にいきました。帰ってくるとき，おもちゃ屋さんがありました。トントンはそれをみて言いました。）

・昨天，<u>我帯着三个年軽人到一个水庫去釣魚。</u>这三个年軽人都是新手，要向我学习。（昨日わたしは三人の若者をつれてある貯水池へ魚釣りに行きました。この三人の若者は，みんなはじめてで，わたしに習おうというのです。）

(3)過去でも"了"にならない場合

さて，以上は"了"を使うかどうかという問題でしたが，つぎに過去ではあるけれど"了"を使ってはいけない文についてみることにしましょう。

①"是～的"構文

過去でも"了"を使わないものとしては"是～的"構文があります。動作の実現より，動作の行われた時間，場所，方式，主体等にフォーカスがあるとき使う構文です。

・你是什么時候来的？（あなたはいつ来たのですか。）
・你是在哪儿买的？（あなたはどこで買ったのですか。）
・你是怎么来的？（あなたはどうやってきたのですか。）
・你是听誰説的？（あなたは誰に聞いたのですか。）

「方式」を表す"怎么"は"是～的"構文に使えますが，理由を聞く"怎么"は使えません。というより，

・你怎么来了？

のように、理由を聞く"怎么"は"了"とともに使えると言ったほうがいいでしょう。
　"是〜的"構文は、あくまで時間、場所等にフォーカスを置く表現で、文中に時間や場所を表すことばがあっても、そこにフォーカスがなければ"了"とともに使えます。というより、"了"は動作の実現に関心があり、"是〜的"構文は時間、場所等にフォーカスを置く表現なのです。次の例では、場所や時間を表すことばがありますが、"了"が使われています。これは、動作の実現にポイントがあるからです。
　・我爸爸昨天晚上从北京回来了。（父は昨晩北京から帰ってきました。）
　・两年前我们离婚了。（2年前、わたしたちは離婚しました。）
　・1998年元旦的早上下雪了。（1998年の元旦の朝、雪が降った。）
　・我在车站附近的商店买了一些水果。
　　　（わたしは駅の近くの店で果物を少し買いました。）
　・瞧，谁来了？（ねえ、誰が来たと思う。）

②状態(程度)補語

　"是〜的"構文は、別の見方をすれば、"了"の存在——動作の実現を前提にしていると言うことができます。つまり、"le 了"→"de 的"という図式（"的"は"了"を前提にしている）です。これと似たものに、状態補語の場合があります。状態補語は動作のありかたを問題にするもので、
　・我哥哥吃得很快。（兄は食べるのがとても速い。）
　・我爸爸每天回来得很晚。（父は毎日帰りが遅い。）
のように、「時（テンス）」と関係なしに使うことができますが、同時に過去の出来事についても言及することができます。たとえば、
　・你昨天睡得好吗？（昨日はよく眠れましたか。）
　・昨天我睡得很晚。（昨日わたしは寝るのが遅かった。）
　この場合も、"le 了"→"de 得"という図式を考えることができます。"de"の前に"le"があるというわけです。

3. "在"と"着"

　一般に「〜している」という日本語を中国語に置き換えるとき,"知道"（知っている）のような状態動詞,"結婚了"（結婚している）のような変化性動詞を除くと,持続性動詞では,"在"はかなり自由に使われますが,"着"の方は制約があります。たとえば,「今何をしていますか。」「誰を待っているのですか。」は,

　　＊你干着什么呢？
　　＊你等着谁呢？

とは言えず,

　　・你（在）干什么呢？（何をしているの。）
　　・你（在）等谁呢？（誰を待っているの。）

のように言わなければいけません。これは両者の機能の基本的な違いからきています。つまり,"在"は「動作そのものがなんであるか」を問題にするときに使うのに対し,"着"の方は動作そのものより,「動作のありかた,様態を描写する」ときに使うのです。ですから,<u>"着"はむしろ文章,特に小説の地の文においてよく出てきますが</u>,会話文では以下にあげるように,限られた動詞と,限られた文脈にしか出てきません。

▶▶ "着"と相性のいい動詞 ◀◀

　まず,"着"しかつかない動詞というのがあります。それは主に身体の動きを表すもので,

　　・你坐着，别张罗。（座ってて,おかまいなく。）
　　・你在这儿站着吧。（ここに立っていて。）
　　・你躺着，别起来。（起きないで横になってて。）

などは,"在"をつけることができません。つねに持続を表すと言ってもいいでしょう。

　これ以外では,つぎのような動詞がよく"着"をともなって使われます。

　　・哼，等着瞧吧。（ふん,待ってろ＝みてろ。）
　　・你在里边儿歇着吧。（中で休んでて。）
　　・我一定给你留着。（きっと君にとっておくよ。）

- "你听着，这跟你有密切关系。""我这儿听着呢。"
    （「聞いてて，これは君と関係が深いんだから。」「聞いてますよ。」）
- 陈真，好好拿着。（チェンチェン，しっかり持って。）
- 你干吗老捂着嘴？（君はどうしていつも口をおおっているの。）
- 你干吗老躲着我？（君はどうしていつもわたしを避けているの。）
- 我哪儿也不去，就在这儿待着。（わたしはどこへも行かない，ここにいるよ。）
- 活着有什么意思？（生きててどんな意味があるの。）
- 姐姐守着你，你怕什么？（お姉さんが側にいてあげるから，怖くないよ。）
- 你熬着吧。（我慢して。）
- 你记着。（覚えてて。）
- 跟着他错不了。（彼についていれば間違いっこない。）
- 别老缠着我，烦死人啦。
    （いつもわたしにつきまとわないで。うっとうしいったらありゃしない。）
- 你比我大，你该让着我呀。
    （あなたはわたしより年上なんだから，わたしに譲るべきよ。）
- 我想着将来呢。（わたしは将来のことを考えてるの。）

以上からもわかるように，どれも「動きの静かな動詞」です。そういう動詞が"着"と相性がいいと言えるでしょう。

これ以外で"着"が使われるのは主に次の二つのケースです。

a) "V着V"のカタチで

これは前にくる動詞にあまり制約がありません。たとえば，

- 我们走着去吧。（歩いていきましょう。）
- 你瞧着办吧。（適当に見はからってやってください。）
- 小伙子笑着站起来说。（若者はにこにこしながら立ち上がって言った。）
- 他拍着桌子喊。（彼は机をたたいて叫んだ。）
- 这个能生（着）吃吗？（これは生で食べられますか。）

この用法は，後で述べる小説などの地の文における用法につながるもので，ある動作が行われるその背景を描写しています。

b) **存在を表す文**

"着"は"有"型（場所+"有"+存在物）の存在を表す文にも使われます。

- 桌子上放着一个挺大的花瓶。
    （テーブルの上に大きな花瓶が一つ置いてある。）

・河边上坐着三个青年。（川辺に三人の若者が座っている。）
・蛋糕上面写着"祝你生日快乐"几个字。
　　（ケーキには「誕生日おめでとう」という文字が書かれている。）

この型の存在を表す文は会話文にはほとんど出てきません。
　"着"が頻出するのは小説などの地の文で，この場合，その動詞の様子，ありかたを描写する修飾語がついています。
・东郭先生赶着驴，在路上慢慢地走着。
　　（トンクオさんはロバを御して，ゆっくりと道を進んでいた。）
・张老师像雷一般地打着呼噜。
　　（チャン先生は雷のようないびきをかいていた。）
・枪声的回音在山谷中反复振荡着。
　　（銃声は山の中をいくえにもこだまして響き渡った。）

　このように描写的に使うこと，ある出来事の背景を描写することこそ"着"の本質ともいえるもので，上の"V着V"の"V着"も後の動詞の背景を示していると言えます。また，
・我们正说着话，他来了。
　　（わたしたちがちょうど話をしていたときに彼がやってきた。）

◇ "等"について

　"等"は，
・我等你。（あなたを待ちます。）
・你在这儿等我。（ここでわたしを待っていて下さい。）

のように，目的語をつけて使えば，「未来への持続」になります。
　目的語の有無にかかわらず，"着"をつけるだけだと未来へと続く動作になります。
・我在这儿等着。（わたしはここで待っています。）
・我等着你。（あなたを待っています。）

もし現在の動作として表現しようとすると，文末に"呢"が必要です。
・他等着你呢，快去吧。（彼は君を待っています，早く行ってあげなさい。）

この"呢"は，
・车还没来呢。（車がまだ来ていません。）
・我正忙着呢。（わたしは忙しくしています。）

などと同じく，現在の状態がどうであるかを相手に示す助詞です。

のような用法も、"他来了。"という出来事があったときに、その背景を示しているのです。

この用法は、つぎのように、人が何かを言ってきたときに、自分は何かをしているんだと自分のことを描写するときにも使われます。これは上のある状況下で何かをするということを反対から言ったと考えることができます。

- "给我按摩一下腰。""我正看着书呢。"
  (「腰をもんでくれない。」「今本を読んでるの。」)
- "给我拿杯茶来。""我正包着饺子呢。"
  (「お茶をもってきてくれないか。」「今ギョーザ作ってるの。」)
- "我要的菜怎么还不来呢？""正炒着呢。"(「わたしが頼んだ料理どうしてまだ来ないんだ。」「今炒めているところです。」)

▶▶ "着"も"在"もつく動詞 ◀◀

以上は主に"着"のつく動詞について述べてきました。なかには、"着"も"在"もつく動詞があります。

- 她等着你呢。(彼女は君を待っている。)
- 她在等你呢。(同上)

前の例は"呢"がついていますから、ほぼ二例目と置き換えることが可能です。しかし、前の例から"呢"をとり、"吧"に換えると、意味が全然違ってきます。

- 你等着我吧。(わたしを待っていてください。)
- 你在等我吧。(わたしを待っているのでしょう。)

これは、"着"をもつ前の例が「動きを過去から未来へと伸びていく線」としてとらえているのに対し、後の例は「基準となる時（これは過去でも未来でもいい）における動作が同時である」ことを示すことから来ています。

同じ動詞でも、"在"をとるか"着"をとるかで意味が変わってくるものもあります。

- 她在穿和服。(彼女は和服を着ているところだ。)
- 她穿着和服。(彼女は和服を着ている。)

最初の文は「和服を身にまとう途中」ですが、あとの文は「服を身にまとったあとの状態」を示しています。後の文の"穿着"は、これまで「〈着夕〉結果の存続」と考えられてきましたが、「〈着テイル〉という一定状態を維持する動作」＋"着"と理解することができます。

▶▶ "在"は進行をどこまで表せるか ◀◀

　"在"が表す「進行」は，必ずしも話をしている時と同時的なものだけではありません。

・这两年我一直在等你。(この2年間私はずっと君を待っていた。)
・毕业后，你一直在干什么？
　　(卒業後，あなたはずっと何をしてきましたか。)
・她走后，我一直在想她。
　　(彼女が行ってから，わたしはずっと彼女のことを思っている。)
・这些日子，他们一直在商量，怎么对待这个人。
　　(この数日かれらはこの男にどう対処するかずっと相談している。)

のように，過去から現在までの時間幅を表すこともできますし，

・你刚才在跟谁说话啊？(あなたはさっき誰と話をしていたのですか。)
・那段时间我一直在表达我是多么爱他。(あのころわたしはどれだけ彼を愛しているかをずっと態度とことばで伝えていました。)

の例では，過去のある時点での動作の進行を表しています。

　ただし，動詞によっては，同じ過去から現在までの時間幅を"一直～着"で表すこともあります。これらの動詞は"着"との相性がいいものです。

・你们在屋里谈сказать话，我一直在门外头听着呢。(君たちが部屋の中で話しているのを，ぼくはドアの外で聞いていたよ。)
・我们俩为了这件事，一直埋怨着老头子。
　　(わたしたち二人はこのことのために，ずっとおいぼれを恨んできた。)
　你送我的这条纱巾，我一直保存着。
　　(あなたがくれたマフラーを，わたしはずっと大事にしまってある。)
・我一直盼着你能回来呀。
　　(わたしはずっとあなたが戻ってこられるよう待ち望んできました。)

▶▶ "着"と"下去" ◀◀

　持続の"着"と継続の"下去"の差は，

・我要活着。(私は生きていたい。)
・我要活下去。(私は生きていく。)

のような動詞では出てきますが，動詞によっては，

　△你说着。

・你说下去。(続けて話しなさい。)

のように，どちらかが成立しない，しにくいことがあります。

"活着"は，

・老东西，你还活着！(このおいぼれ，まだ生きていたのか。)
・活着没意思。(生きていても面白くない。)

のように，現在の状態を言うのがふつうで，

・好好活着。(くよくよせずしっかり生きなさい。)
・我想活着。(生きていたい。)

のように"好好"や"想"をつけないと未来への動作を表せません。

ところで，

△你说着／你念着／你干着

のような動作を表すグループは，一般に命令文に使えません。そこで，"～下去"が登場することになります。

・你说下去。(続けて話しなさい。)
・你念下去。(続けて読みなさい。)
・你干下去。(続けてやりなさい。)

　　　注　"你说下去"は，"你往下说""你接着说""你继续说"とも言えます。

なかにはどちらも使えるものがあります。たとえば，"活着"が単に現在の状態を維持するだけであるのに対し，

・我想活下去。(わたしは生きていきたい。)
・生活再苦，也要活下去。(生活がいくら苦しくても，生きていきたい。)

は「生きていく；生き続ける」となって，話し手の積極性を表します。

次の例でも，「～していたい」と「～し続けたい」という日本語に対応しています。

・我不想在这儿待着。(わたしはここにいたくない。)
・我不想在这儿待下去。(わたしはここに居続けたくない。)

また，"～下去"は，

・他说到这儿，再也说不下去了。
　(彼はここまで言うと，それ以上言い続けられなかった。)

のように時間幅の短い場合と，

・再等下去也不一定能找到像他这样的人。(これ以上待ち続けても，彼のような人を見つけることができるかどうかはわからない。)

・因为父亲病故，我的大学读不下去了。（お父さんが病気で亡くなったので，わたしの大学生活は続けられなくなった。）

のように時間幅の長い場合があります。

4. 未来の表現

　最初に述べたように，中国語では動作動詞がハダカで用いられた場合は未来を表します。
　・飞机几点到西安？（飛行機は何時に西安につきますか。）
　・小王明天来我家。（ワンくんは明日わたしの家に来ます。）
　以下の3例では"要"が入っていますが，これらは純粋の未来というより，"你"や"你们"の意志を表しています。
　・大家听说你要来，都很高兴。（みんなは君が来ると聞いて大喜びだ。）
　・听说你们要办一个杂志，是真的吗？
　　　（君たちが雑誌を出すと聞いたけど，本当ですか。）
　・有一天，她告诉我，要给我介绍一个男朋友。
　　　（ある日彼女はわたしに男友だちを紹介すると言った。）
　これに対し，"快～了""要～了""就要～了""快要～了"の表現は，状況に対する話し手の判断を表しています。

▶▶ 快～了 ◀◀

　"快～了"は，ほうっておいても時間の経過とともにそうなるような事態に使います。たとえば，
　・快三点了。（もうすぐ3時だ。）
　・你也快二十岁了。（あなたももうすぐ二十歳ですね。）
　・我们相处快一年了。（わたしたちはつきあってもうすぐ一年になります。）
　・北京快到了。（もうすぐ北京に着く。）
　・转眼快到中秋节了。（もうすぐ中秋節だ。）
　・她的病快好了。（彼女の病気はもうすぐよくなる。）
　・那个人快死了。（その人はもうすぐ死ぬ。）

> 注 "北京快到了。"という文は，英文法からすると，いかにも変な文にみえますが，中国語としては，主題が文頭にくる自然なもので，実際に，地下鉄，列車等でよく耳にします。

なお，述語に時間表現がくるときは，ふつう"快～了"を使い，"快要～了"を使うのはあまり規範的ではありません。また，このときの時間は，"三点"のように点（時刻）であっても，"二十岁""五十五年"のように「長さ」であってもかまいません。

"快～了"は，
・"会开完了吗？""快了。"（「会議は終わりましたか。」「もうすぐです。」）
・"作文写完了吗？""快了。"
　　（「作文は書き終わりましたか。」「もうすぐです。」）

のように，文脈がはっきりしているときは"快了"だけで使うことができます。

また，"都～了"（～までになる）と合体した"都快～了"は「今にも～しそうにまでなった」という意味です。
・我难受得眼泪都快掉下来了。
　　（わたしはつらくて，涙が今にもこぼれ落ちそうになった。）
・都快十二点了，银婷还不回来。
　　（もうすぐ12時になるというのに，インティンはまだもどってこない。）

▶▶ 要～了 ◀◀

"要～了"は状況から事態がそうなるであろうと推量するときに使います。
・妈，快做饭呀，要迟到了！（母さん，早くご飯をつくって，遅刻するよ。）
・快走，要下雨了。（早くでかけよう，雨がふりそうだ。）
・哎呀，要摔下来了，别动，别动。（わあっ，落ちるぞ。動くな，動くな。）

この三つは"要～了"がぴったりする例ですが，つぎの三つは"快～了"に置き換えることもできます。
・天要黑了。（もうすぐ日が暮れそうだ。）
・哎呀，天都要亮了。（ああ，もうすぐ夜が明ける。）
・快吃一点吧。又要凉了！（早く食べて，また冷めるよ。）

▶▶ 就要～了 ◀◀

"就要～了"には二つあります。

- 就要下雨了。(まもなく雨がふる。)
- 天气就要暖和了。(気候はまもなく暖かくなる。)
- 冬天就要到了。(冬がもうすぐやってくる。)
- 想到就要上飞机了，我就心神不定。
  (まもなく飛行機に乗るかと思うと，気持ちがおちつかない。)

のように，単にフォーカス（焦点化）の働きをする"就"が働いて「今にも～しそうだ」というときと，

- 还有三四天就要收割了。(あと3, 4日したら収穫だ。)
- 列车还有两分钟就要开了。(列車はあと2分で発車する。)
- 一会儿就要广播新闻了。(まもなくニュースが放送される。)
- 比赛眼看就要结束了。(試合はまもなく終了する。)

のように，前文あるいは時間を表す語を受ける接続の"就"が働いて「～すると～になる」というときとがあります。

> 注 "都～了"と"快～了"が合わさると"了"が一つ消えましたが，ここでも接続の"就"は，前をうけるものと，あとの"就要～了"の"就"が合わさって一つ落ちたと考えることができます。これは上の「動詞＋"了"」で文が終わる場合にも言えたことです。

▶▶ 快要～了 ◀◀

"快要～了"は"快～了"のように，時間の推移とともに必然的にそうなるというよりも，よりやわらかな推量に使います。

- 新年快要到了。(お正月がまもなくやってくる。)
- 快要秋收了。(もうすぐ秋の収穫だ。)
- 天气快要冷了。(気候はまもなく寒くなる。)

つぎの"快要～了"は実際に拾った例ですが，どれも"快要（到）～了"とした方がいいようです。

- 快要（到）半夜了，你怎么还在学习？
  (もうすぐ夜中だというのに，あなたはどうしてまだ勉強しているの。)
- 快要（到）春节了，大家都准备回家乡呢。
  (もうすぐ旧正月なので，みんなは郷里に帰る準備をしている。)
- 快要（到）十二点了，睡吧。(もうすぐ12時だから，寝たら。)

動作と時間

ここでは，動作と時間にかかわる表現についてお話しします。時間を表すことばを整理した上で，動詞に対しどこに置くか，どのカタチを使うかを考えます。語順ともかかわる問題です。そのあと，時間をあらわすことばをいろいろあげてみました。これらが意識的に使えるようになればたいしたものです。

1. 時間の単位——点 (*time point*) と長さ (*time interval*)

中国語で，時間を表すことば（単位）には点（時刻，*time point*。以下 TP）を表すか，長さ（時間，*time interval*。以下 TI) を表すかでカタチのかわるものがあります。

例えば，日本語では，日の順序と長さを表す単位は，「ツイタチ／イチニチ」でははっきりちがっていますが，2以上になると，

　　　フツカ，ミッカ，ヨッカ……

と基本的には同じです。後者では，「〜カン」（間）がつくことがありますが，これも「×時間」を除いては絶対必要というものでもありません。

ところが，中国語では

　　　一号（ついたち）　　二号
　　　一天（いちにち）　　両天

と，"号" と "天" の分業がみられます。

TP と TI を表す語を「年」から「秒」まであげておきましょう。多くは入門でもでてきています。TP は，言いかえれば序数で順序を表し，TI は基数で量や長さを表すものです。

	〈中国語〉		〈日本語〉	
(TP)	一年	二年	一年	二年
(TI)	一年	両年	一年（間）	二年（間）
(TP)	一月	二月	一月	二月
(TI)	一个月	両个月	一ヶ月（間）	二ヶ月（間）

動作と時間 —— 153

(TP)	第一个星期	第二个星期	（第）一週	（第）二週
(TI)	一个星期	两个星期	一週（間）	二週（間）
(TP)	一号	二号	ついたち	ふつか
(TI)	一天	两天	いちにち	ふつか（かん）
(TP)	一点（钟）	两点（钟）	一時	二時
(TI)	一（个）小时	两（个）小时	一時間	二時間
(TP)	一分	二（两）分	一分	二分
(TI)	一分钟	两分钟	一分（間）	二分（間）
(TP)	一秒	二（两）秒	一秒	二秒
(TI)	一秒钟	两秒钟	一秒（間）	二秒（間）

　"二"と"两"とは,基本的には,前者が序数,後者が基数に用いられますが,×時というときに"两（点钟）"が使われているのは,これが本来"两本书"（二冊の本）と同じ構造,つまり「二つきの鐘」を表していたからです。ただ,「分」や「秒」については"二"の方が優勢です（お金の場合も"两块""两毛"に対し,"分"では,"二分钱""两分钱"の両方が使われています）。"小时"は"钟头"ともいい,こちらは北京の口語です。"钟头"では"一个钟头"のように量詞をおとせません。

2. 動詞との順序

(1) 動作と時間の関係には4種ある

　動詞の関係でいうと,TP（点）を表すものは動詞の前に状況語（連用修飾語）としておかれ,TI（長さ）を表すものは,動詞のあとに（時間）補語としておかれます。以下の例を比較してみて下さい。

1) 三点睡（3時にねる）
   四号去（4日に行く）
2) 睡三个小时（3時間ねる）
   去四天（4日間行く）

かなり勉強していてもこの順序があいまいな人がいますから注意しましょう。TP（点）はこのように，基本的に動詞より前に来ますが，うしろに来る場合もあります。それは，

3) 睡到三点（3時まで寝る）
   待到三号（3日まで滞在する）

のように，「動詞＋"到"」となる場合です。

・我睡到八点就醒，再也睡不着。
　　（わたしは8時まで寝たところで目が覚め，それ以後眠れなかった。）
・你让我等，我得等到什么时候？
　　（君はぼくに待てというけど，いつまで待たないといけないの。）

結果補語のところでもあげましたが，2) は，

・睡上一个小时（1時間寝る）
・这件衣服还能穿上几年。（この服はまだ数年着られる。）

のように，「動詞＋"上"」のカタチで使われることもあります。そこまで「達する」という意味です。"上"のときは，"到"とちがってTIが後にきます。

"到"は上のように，動詞のあとに来て動作の「到達」の時刻を表しますが，動詞の前に来ることもあります。それはたいてい，"現在""今天"のような現在と関連のある語をあとにとるものですが，過去を表す時間詞をとることもあります。

・他们的才华和神采很容易征服我，到现在也是这样。
　　（わたしはかれらの才気と顔に簡単にまいってしまう。今でもそうだ。）
・他从这儿跳下去，已经四年了，到现在还没上来呢。
　　（彼はここから〔水の中に〕飛び込んでもう4年になるが，今になってもまだ上がってきていない。「笑い話」）
・到今天我都非常庆幸，我遇到了一个好人。（今日でもわたしは，このようないい人に会えたことを幸せに思っている。）
・直到今天，我还不知道怎么回事。
　　（今日になっても，わたしはまだどういうことかわからない。）

・到最后我也想通了。(最後になってわたしも納得した。)
・每个星期六我就去找他，他的房东，总是狐疑地看着我们一起出去吃饭，到后来她也不大大惊小怪了。(毎週土曜になるとわたしは彼のところへ行った。彼の大家さんはいつもわたしたちが食事に出ていくのをいぶかしそうに見ていたが，その後彼女もそれほど大騒ぎしなくなった。)
4) 这药一天吃三次。(この薬は一日に三回飲む。)
我三年没回家了。(わたしは3年間家に帰っていない。)

TIを表すことばは，上のように動詞の前に来ることもあります。この場合は，あとの動作が行われる（or 行われなかった）時間の幅を示しています。「ある期間の間に～する」あるいは，「ある期間の間～しなかった」ということを表します。

二つ目の文の"了"は"了₂"で，この場合は"我三年没回家"全体を受けていて，「もう3年も家にかえっていないことになる」ということです。あとでもふれますが，現在につながっていなければこの"了"は出てきません。

(2)動作の時間（TI）

動作の時間幅（TI）を含む表現をあげましょう。これらは文法的には，「時間補語」といわれるものです。
・我在北京住了两年。(わたしは北京に2年住んでいた。)
・我只学了两个月。(わたしは2ヶ月勉強しただけだ。)
・我在上海待了两天。(わたしは上海に2日滞在した。)

"了"の問題は5章でもみましたが，文末になければ，現在とは切れているということです。
・休息十分钟。(10分間休憩する。)

「3時10分」というようにTPを表すときは"三点十分"でよかったのですが，時間幅をいうときは"钟"が必要です。

不定量としては以下のものがあります。
・这样过几天就会好了。(こうしていれば，数日でよくなる。)
・你等一会儿吧。(しばらく待って。)
・你等(了)半天了吧？(ずいぶん待ったでしょう。)

この場合命令文になるのは，"一会儿"の方で，"半天"は命令文には使えま

せん。日本語で「ずいぶん待ってください」とはいえないのと同じです。なお，これらは主観的なものですから，ほんのちょっとの時間でも，
　・你等一会儿吧。
と言えます。そして，口語では，しばしば，間の"一"が省略されて，
　・等会儿。
となります。このカタチでも聞き取れるようにしましょう。

> 注　"半天"は「半日」という意味のときと，「長い間」という意味のときがあります。前者は，「昼間の半分」という意味で，
> 　・半天工作半天休息。(半日仕事して，半日休む。)
> のように使いますが(これは"工作半天休息半天。"とも言えます),「半日」という意味で出てくることはそれほど多くありません。出会ったら，まずは「長い間」と思っていいでしょう。"半天"はさらに，"好半天""老半天"とも言えます。どちらも，「とても長い間」という意味です。

"活"という動詞を使って，「何歳まで生きた」というときは，ふつう，
　・我奶奶活到八十三。(わたしの祖母は 83 歳まで生きた。)
のように言いますが，時間補語をとって言うこともできます。
　・我奶奶活了八十三。(わたしの祖母は 83 歳まで生きた。)
これはすでに亡くなっている場合ですが，つぎのようにあとに文が続けば，まだ生きていてもいうことができます。
　・我活了八十岁，没见过这么好的庄稼。
　　(わたしは 80 年生きてきたが，こんな立派な作物を見たことがない。)
　・我活了这么几十年，并不是白吃干饭，我写了那么一大堆书。(わたしは何十年か生きてきたが，無駄飯はくっていなかった。わたしはあんなに山ほどの本を書いたのだから)
　・爷爷活了一辈子也没见过这种新鲜事。(祖父はこれまで生きてきて，こんな珍しいことに出会ったことがなかった。)
まだ死んでもいないのに，"活了一辈子"というのは，少し変な気がしますが，こういう言い方も存在します。これも，あとに文が続いているからいえるわけです。
　すこし長めの時間の言い方としてはつぎのようなものがあります。
　・半年后，我们在一起工作了一段时间。
　　(半年後わたしたちはしばらくの間仕事を共にする機会があった。)

・跟她交朋友，我也考虑了很长时间。
　　（彼女とつき合うことについて，わたしもずいぶん長く考えた。）

日本語の「長時間」は「時間」という単位がついていますから，数時間のことになりますが，中国語の"长时间"は単に「長い間」という意味で，実際には数分から数年，数十年までかなり幅のあることばです。

・代表们长时间地热烈鼓掌。（代表たちは長い間熱烈に拍手した。）
・做完了手术，我在医院的椅子上躺了很长时间才走。（手術が終わったあと帰るまで，わたしは病院のベンチに長い間横になっていた。）
・我在他宿舍门口犹豫了很长时间不敢进去。（わたしは彼の宿舎の入り口で長い間ためらったまま，中へ入っていけなかった。）
・我和爸爸好长时间没见面了。
　　（わたしと父はもうとても長い間会っていません。）

本来 TP である"上午""下午"なども"一个"を伴えば動詞の時間量を表すことができます。

・今天我忙了一个上午。（今日は午前中まるまる仕事をしていた。）
・他每周教四个下午的英语。（彼は毎週4回午後英語を教えている。）

また，"两天"の"两"は2と限らず，一般に「2，3日から数日」までの不定の量を表しますから注意しましょう。

・过两天再来。（何日かしたら〔また〕来て下さい。）
・过两天再跟你联系一下。（数日後にあなたに連絡します。）

"前两天"も「数日前」ですが，"两天前"となると「二日前」になります。
TI はさらに"时间"ということばをあとに伴っても使われます。

・他只用了一个月的时间，就把这本书翻译成日语了。
　　（彼はたった一ヶ月で，この本を日本語に翻訳した。）
・原来我爸用不了一个小时，我妈得用半天的时间。（もともと父ならば一時間もかからなかったが，母は半日の時間をかけなければならなかった。）

TI を表す疑問詞としては，

・你学了多长时间？（どれくらい勉強しましたか。）
・你准备待多久？（どのくらい滞在するつもりですか。）

のようなものがあります。前者は，"多长"だけだと「どのくらいの長さ」にしかなりません。"多长时间"全体で時間の長さを表わせるのです。これに対し，"多久"は"久"に時間が含まれていますから，これだけで時間の長さを表せます。

そして，こちらの方がややあらたまった言い方です。

(3) TP(時刻)を表す語

TPを表す疑問詞には，つぎのようなものがあります。
・你什么时候去？（あなたはいつ行くのですか。）
・你几月几号走？（あなたは何月何日に出発するのですか。）
・你每天几点起来？（あなたは毎日何時に起きるのですか。）

但し，"哪"という疑問詞は，TPを表すのにTI系統の単位を使います。
・哪天来取好？（いつ取りに来ればいいですか。）
・你是哪年大学毕业的？（君はどの年に大学を卒業しましたか。）

「はじめて」という言い方もあげておきましょう。
・你这是第一次来日本吗？（あなたは今回はじめて日本に来たのですか。）
・那是我第一次看见我妈哭。
　　（そのとき，わたしははじめて母が泣くのを見た。）
・我还是第一次听说。（それは初耳です。）

> 注　「初耳」という時の動詞は"听说"か"听到"です。"听"そのものは意識的な行為を表しますから，この場合には使えません。
> 　「はじめて」というとき，"是"を前にとることがありますが，"是～的"構文は使えませんから注意してください。
> 　「～したのは最後だ」という言い方もあります。
> 　・这是最后一次见到他。（それが彼に会った最後です。）
> 　・这是丁力最后一次来我的小屋。
> 　　　（ティンリーがわたしの部屋に来たのはそれが最後でした。）

3. TIが動作の前にくる場合

　TIが動作の前にくる場合が一番難しいでしょう。これには二通りのケースがあります。一つは，「ある期間～していない；～しない」ということで，後に否定形が来る場合です。もう一つは，「ある期間において～する」という言い方で，こちらは肯定形がきます。まず，うしろに否定形がくるケースからみ

ていきましょう。

▶▶「ある期間～していない；～しない」◀◀

典型的なのは，つぎの例です。
・好久没见了。（久しぶりですね。）

先にのべたように，このときの"久"は時間の長さをあらわしています。「ある期間～しなかったことになる」という意味で，文法的にはこのカタチが基本になって，あとの応用文がつくれます。たとえば，

・我们很长时间没见面了。
　　（わたしたちは長い間会っていない。／久しぶりですね。）
・我们十年没见面了。
　　（わたしたちは10年会っていません。／10年ぶりですね。）
・我们三十年没见面了。
　　（わたしたちは30年会っていません。／30年ぶりですね。）

のように。うしろの動詞もいろいろと置き換えができます。
・爸爸一个星期没回家了。（父はもう一週間家に帰ってきていない。）
・小宋一年没回国了。（ソンくんはもう一年帰国していない。）
・我一个月没休息了。（わたしはもう一ヶ月休んでいない。）
・山田已经五天没来上课了。（山田さんはもう5日授業に来ていない。）
・将近一个月没下雨了。（もう一ヶ月近く雨が降っていない。）

> 注　・好久不见了。（ひさしぶりですね。）
> 　　のように，"不"を使うのは慣用的なものだと思ってください。ちなみに，"不见了"だけだと「みえなくなる」という意味です。

なお，上の例の文末の"了"は「変化」の"了₂"で，現在までの状況を表します。もし過去に，「ある期間～しなかった」のなら，次の例のようにこの"了"はでてきません。
・我问他，他半天没说话。
　　（わたしは彼にたずねたが，彼は長い間答えなかった。）
・十年，我没有再嫁。有人介绍过，但大多不合适。
　　（10年の間，わたしは2度と嫁ぐことはなかった。紹介してくれた人はいるが，たいていはぴったりしなかった。）

後にくる動詞が意志や習慣的動作を表す場合，また状態動詞の場合，否定詞は"不"が選ばれます。
- 现在不同了，一天不工作，一天就没有收入，肚子就得饿着。
   （今は昔とはちがう，一日働かなければ一日収入がなくなり，おなかを減らすことになる。）
- 假如我没有成为今天的我，我妈会一辈子不安心。
   （もしわたしが今のわたしにならなかったら，母は一生気持ちのおちつくところがなかったでしょう。）
- 她做的衣服放在那儿，很长时间我不想穿。（わたしは母のつくった服をほったらかして，長い間着ようとしなかった。）

▶▶「ある期間〜する」◀◀

TI が動詞の前にくるもう一つのケースです。
- 她一天工作十二个小时。（彼女は一日に 12 時間働く。）
- 你一个月挣多少钱？（あなたは一ヶ月にどれくらいかせぎますか）
- 你一个星期有几次汉语课？
   （あなたは一週間に中国語の授業が何回ありますか。）
- 四年的时间我只买了一件衣服。（4 年間にわたしは服を一着買っただけだ。）
- 我今天一天都在想这些。（わたしは今日一日こうしたことを考えていた。）
- 整整一天我在等郑君的电话，但是他始终都没打来。（まる一日わたしはチョン君からの電話をまっていたが，彼はついにかけてはこなかった。）
- 这药一天三次，饭后吃，一次两片儿。
   （この薬は一日三回，食後に飲みます。一回 2 錠です。）
- 开始是 15 分钟一只，后来是 10 分钟，5 分钟，到最后最快的时候是 3 分钟一只，一天能折 100 只。（最初は 15 分に〔鶴〕一羽だったが，のちに 10 分，5 分となり，最後一番速いときだと 3 分間に一羽で，一日に 100 羽折ることができた。）

"一辈子"は動詞の後に置いても使いますが，つぎのようにしばしば前におかれます。
- 你能保证一辈子爱她吗？（あなたは一生彼女を愛すると保証できますか。）
- 他想一辈子打光棍儿。（彼は一生独身を通す気だ。）

このパターンは，うしろに肯定形がくるといいましたが，動詞が"有"の場

- 后面的一个星期都没有他的消息。(その後の一週間彼の消息はなかった。)
- 有时候干脆一个月就没有钱。
  (さっぱり一ヶ月お金のないときもあった。)

TIがすぐ後に動詞を伴わずに用いられることがあります。この場合は,「ある時間が経過して」ということを表します。

- 他使劲抽烟,半天,他说。
  (彼は深くたばこを吸い,ずいぶんたってから言った。)
- 那么,一会儿见。(じゃあ,またあとで。)
- 一会儿,服务员送来了一碗汤。
  (しばらくして,ウエイトレスはスープを一つ運んできた。)
- 好长时间了,我都想把我们之间的事情写出来。(もうずいぶんになる。わたしがわたしたちの間のことを書いてみたいと思うようになってから。)

4. 時間を表す語

　時間に関わる表現をみてきたところで,つぎに時間を表すことばで大事なものをいくつか整理しておきましょう。時間をあらわすことばには,名詞の一種である時間詞のほか,時間副詞もあります。しかし,ここでは時間詞を中心にみることにします。

▶▶「最初(のうち)」◀◀

a)"开始、一开始"
　日本語で言えば,「最初;最初のうち」を表すことばです。"开始"は名詞の一種で,時間詞と呼ばれるものですが,"一开始"の方は動詞の"开始"を使ったものです。品詞が違うので文法書などでは同列に論じられることがないのですが,"一开始"も「最初のうち;最初から」の意味でよく使われますので,あわせて覚えておいてください。

- 开始,我什么也不懂。(最初わたしは何もわからなかった。)
- 开始是15分钟一只,后来是5分钟一只。

(はじめは15分で一羽だったが、後に5分で一羽になった。)
- 我觉得我爸一开始肯定是因为我妈好看才会注意她的。后来就有了我和我弟弟。(父は最初きっと母がきれいだったから母に眼がいったのだと思う。その後、わたしと弟がうまれた。)
- 我辞职了。一开始特别艰难，没有工作就没有收入。
(わたしは仕事を辞めました。はじめはとても辛かったです。仕事がなければ収入がないのですから。)

"从一开始…(就)"となることもあります。
- 会场的秩序从一开始就不佳。(会場の秩序は最初から良くなかった。)
- 可能从一开始上帝造人的时候就有明确的分工，女人干什么，男人干什么。(おそらく最初神が人間を作ったときから、女は何をして、男が何をするという、はっきりとした分業があったのでしょう。)

これらは単独で使うこともありますが、上の例でもわかるように、"后来"(その後；のちに)などと呼応することもあります。

b) "当初"

これも「最初のうち；最初のころ」という意味で使います。"开始"よりもこちらをよく使うという人もいます。
- 那里当初是一片绿地。(そこはもともと一面の緑地だった。)
- 当初要不是你的帮助，我怎么会有今天呢。
(あのころ、あなたの助けがなければ、今のわたしがあったでしょうか。)
- 我爸当初也这么说的。(わたしのお父さんも最初そう言っていた。)
- 当初他们结婚的时候，我反对。
(最初彼らが結婚するときわたしは反対だった。)

"当初"には次のような慣用句があります。
- 早知今日，何必当初呢。
(こうなるとわかっていれば、最初からやめていたのに。)
- 想当初，他对我多好，可现在……(最初〔のころを思えば、〕彼はわたしにどんなに親切だったことか、でも今は……)

「最初のうち」を表す語にはほかに、"起初""原先"がありますが、なかでもまず上の二つを習得するようにしてください。

▶▶「そのあと」◀◀

a) "后来"

"后来"は過去に起こった出来事の，そののちの様子を問題にするときに使う時間詞で，上でもみたように，

　　开始～，后来～

と呼応するほか，

　　起初～，后来～
　　原先～，后来～

のようにも呼応します。たとえば，

- 这个问题开始没注意，后来才注意到。(この問題ははじめ気にかけていなかったが，そのあと気にかかるようになった。)
- 起初他不会喝酒，后来慢慢也就学会了。(はじめ彼は酒が飲めなかったが，その後だんだんと飲めるようになっていった。)
- 他原先是个农民，后来成了个人民代表。
 (彼はもともと農民だったが，その後人民代表になった。)

"后来"は文脈があれば，上の"开始"以下の語と呼応しなくても使うことができます。

- 后来呢？(で，そのあとは。)
- 后来怎么样了？(それでどうなったの。)
- 后来我病好了，他就带着我到处去面试找工作。
 (のち，わたしの病気がよくなると，彼は仕事をさがすため，わたしをあちこち面接に連れていった。)
- 这件事后来在我们学校出了名。
 (このことはあとでわたしたちの学校でとても有名になった。)

b) "然后"

"然后"は「前のことがらにすぐ続いて」という意味で，しばしば"先""首先"と呼応して用いられます。

- 你先好好想想，然后再决定吧。
 (君はまずよく考えて，それから決めてください。)
- 这次旅行，我先去上海，然后去苏州。
 (今回の旅行は，まず上海に行ってそのあと蘇州に行きます。)

c) "以后"

　"后来"が, 過去のある事柄に続く出来事を述べるのに使われるのに対し,"以后"は過去についても, また話をしているときから未来にかけても使うことができます。

　・他去年还给我来过一封信, 以后〔后来〕一直没来信。
　　　(彼は去年は私に手紙を一通よこしたが, その後ずっと来ていない。)
　・这个问题咱们以后好好研究研究。
　　　(この問題について, 今後しっかり検討しましょう。)

▶▶「最後に」◀◀

　時間的に終わりを表す言葉にもいろいろあります。時間副詞の"终于"は,「ついに；とうとう」という意味ですし,"到底"は「(あれこれやって)結局のところ；やっと」という意味で, 主観的な色彩が色濃くついています。純粋に最終段階を表すのは"最后"です。

　・最后我妈还是同意我们结婚了。
　　　(最後に母はわたしたちの結婚に賛成してくれた。)
　・最后还是我们打败了美国队。
　　　(最後にやはりわたしたちはアメリカチームに勝った。)
　・这个问题我还没最后决定。
　　　(この問題をわたしはまだ最終的には決めていない。)

▶▶ 過去を表す語 ◀◀

a) "以前"「以前」

　・以前, 我和小王并不认识。
　　　(以前, わたしとワンさんとは知り合いではなかった。)
　・以前, 你在哪儿工作？　(以前, あなたはどこで働いていましたか。)
　・以前我一想他们, 就想笑, 就高兴。
　　　(以前, わたしは彼らのことを思うと, おかしくなり, うれしかった。)

　"以前"は上の例のように単独で使うよりも,

　・我必须三点以前赶回学校。
　　　(わたしは3時までに急いで学校にもどらなければいけない。)
　・他回国以前来找过我一次。

（彼は帰国前にわたしを一度訪ねてきてくれたことがある。）

のように，他の語のあとについて使う方がふつうです。

b) "过去""昔"
　・过去，这里是一片荒地。（昔ここは一面荒れ地だった。）
　・他过去在日本工作过。（彼は昔日本で働いていたことがある。）

c) "从前""以前；昔"

　昔話をするときによく使うことばです。
　・从前有一个女人，她非常希望有一个丁点儿小的孩子。
　　　（昔，とても小さな子どもをほしがっていた女がいました。）
　・从前有一个商人，非常有钱。（昔とてもお金持ちの商人がいました。）

もちろん，ふつうの文章にも使えます。
　・这个地方，我从前来过一次。（ここは以前一度来たことがある。）
　・从前，这里是一个小渔村。（以前，ここは小さな漁村だった。）

d) "早就、很早就""前から；とても早くに"
　・我早就想来，可是一直没有机会。
　　　（前から来たかったのですが，ずっとチャンスがありませんでした。）
　・他爱人很早就去世了。（彼の奥さんはとっくに亡くなっている。）

e) "当时""当時；あのころ"
　・当时我妈妈还没有孩子。（当時母にはまだ子供がなかった。）
　・我当时特别反对我妈和那个叔叔好。（わたしは当時母とあのおじさんが仲良くすることにとても反対だった。）
　・其实，当时也算不上什么恋爱。（実は，当時も恋愛などとは言えなかった。）

f) "那时候、那个时候""あのころ；あのとき"
　・那时候我也觉得我妈是偏心的。
　　　（あのころ，私も母がえこひいきしていると思っていた。）
　・那时候他已经是丁局长了。
　　　（そのときティンさんはすでに局長になっていた。）

g) "那天""その日；あの日"
　・那天妈买的带鱼够我们吃好几顿。（あの日，母が買ってきた太刀魚は，わたしたちが何食も食べられるほどの量があった。）
　・那天我觉得我妈特别美。（あの日，母はとりわけきれいだと思った。）
　・那天是星期六。（その日は土曜日だった。）

「～の日」というときには，"的"をはさまず名詞の後に直接"那天"をおきます。
- 生日那天她没来，但她托人把礼物带到了。(誕生日の日，彼女は来なかったが，人に託してプレゼントをもってきてくれた。)

h) "当天"「その日」
- 当天晚上我们又吵架了，如果那真算吵架的话。(その日の晩，わたしたちはまたけんかをした。もし，それがけんかと呼べるなら。)

辞書には"dàngtiān"と出ていますが，実際には"dāngtiān"とも発音されるものです。上の例では，「その日」にあたりますが，「その日のうちに」という意味でもよくでてきます。
- 你当天就能回来吗？(あなたはその日のうちに帰ってこられますか。)

i) "那段时间"「あのころ；あの時分」
- 那段时间应该说是我生命中非常艰难的日子。
  (あのころはわたしの人生の中でとても辛かった日々と言うべきだ。)
- 那段时间我不去办公室，每天就在宿舍里。
  (あの時分わたしは事務所へ行かず，毎日宿舍にいた。)

j) "有一天"「ある日」
- 有一天我接到一个电话，电话那边的人说要找春树，我说我就是。
  (ある日わたしは電話を受けた。その人は「春樹」に用があると言ったので，わたしだと答えた。)

"一天"だけで出てくることもあります。
- 一天，我在车上碰见李岩了。
  (ある日わたしはバスの中で，リーイェンに会った。)

また，つぎのようにある基準から言うこともできます。
- 大约两个星期后的一天（およそ二週間後のある日）
- 开学后的一天，我接到一个出乎意料的电话。
  (学校がはじまったあとのある日，わたしは意外な電話を受けとった。)

k) "有一次、有一回"「ある時」
- 有一回卧室柜的门突然掉下来了。
  (ある時，寝室の戸棚の扉が突然落ちてきた。)

この表現は以下のように，他の時間詞の場合にも使えます。
- 有一个星期四，他在报社门口等我下班。(ある木曜日のこと，彼は新聞社

の前でわたしが仕事がひけるのを待っていた。)
- 有一个周末，他让我去找他，我可没有去。(ある週末，彼はわたしに彼のところへ来るよう言ったが，わたしは行かなかった。)

l) "最近"「最近；近く」

"最近"は，文字通り，「もっとも近い」ということで，それが過去のことでも未来のことでも言うことができます (過去の例については☞p.168)。
- 这本书最近还会重印。(この本は近く重版される。)
- 陈教授最近可能要去英国。(チェン教授は近くイギリスに行くようです。)

m) "刚才"「さっき」

話をしているすぐ過去の時点を指すことばです。現在はたいていその状態ではなくなっています。
- 你刚才在跟谁说话？(君はさっき誰と話をしていたの。)
- 刚才有人来找你，你不在。
  (さっき誰か君を訪ねてきたけど，君はいなかった。)
- 他刚才还好好的，怎么忽然就病了？(彼はさっきはまだぴんぴんしていたのに，どうして急に病気になったの。)

  > 注 "刚来的人是谁？"は「今来たばかりの人は誰」ということで，まだいますが，"刚才来的人是谁？"は「さっき来た人」ということで，その人はその場にいません。

▶▶ 相対的な過去 ◀◀

"明天"というのは，話をしている時点からいうことばで，もし，過去のある時点を基準にすると相対的な時間を表す"第二天""前一天""前几天"などを使わなくてはいけません。

a) "第二天"「つぎの日」
- 我住在同学家，第二天早晨还没起床的时候，我妈就找到我了。(わたしはクラスメートの家に泊まった。次の日の朝まだ目が覚めないうちに母がわたしを見つけだした。)
- 第二天，我妈带我去了医院。(次の日，母がわたしをつれて病院に行った。)
- 第二天，那个记者来找我了。(次の日その記者がわたしを訪ねてきた。)

上の文では，文脈から過去のどの日を基準にしているかがわかります。一方，基準が明示されている場合もあります。

- 1991年是我大学毕业的第二年。
    (1991年はわたしが大学を卒業して二年目の年です。)
b) "前一天"「前の日」, "前几天"「数日前」
  現在を基準にする場合と過去のある時点を基準にする場合があります。
- 我知道这是北京市的新规定,《北京晚报》上前几天还登了。
    (これが北京市の新しい規定であることをわたしは知っている。数日前には『北京晩報』にも載ったのだから。)
- 中秋节的前一天,我来到了建国饭店。
    (中秋節の前日わたしは建国飯店にやってきた。)
  "～前"となるのは,話をしている時点を基準にする場合です。
- 两年前我们离婚了。(2年前にわたしたちは離婚しました。)

▶▶ 過去から現在 ◀◀

過去から現在までどうこうしたというときは, "一直"ですが, 否定では, "从来不／没有"を使います。
- 我从来没有问过我妈妈。(わたしは今まで母に聞いたことがない。)
- 我从来没有想过用漂亮或者美丽这样的词汇去形容我的母亲。
    (わたしは今まで「美しい」という類のことばを使って母を形容しようと思ったことがない。)
- 我从来没有遇到过这样的好机会。
    (わたしは今までこのようなチャンスにであったことがなかった。)
- 我从来不是一个有目的的人,从来不是。(わたしはこれまでずっと目的をもった人間ではなかった。本当にそうではなかった。)

▶▶ 近い過去を表す語 ◀◀

a) "最近、近来"「最近；近頃」
- 最近她没到我这儿来。(最近彼女はわたしのところに来ていない。)
- 你最近见过我妈妈吗？(あなたは最近わたしの母に会いましたか。)
- 我近来工作特别忙。(わたしは近頃仕事がとても忙しい。)
- 你近来好吗？(近頃は元気ですか。)
b) "这几天"「この数日」
- 这几天我身体有点儿不舒服。

(この数日わたしは体の調子があまりよくない。)
- 这几天我没去上学。(この数日わたしは学校へ行っていない。)

c) "这些日子"「このところ」
- 这些日子，我没好好学。
 (このところ，わたしはあまりしっかり勉強していない。)

d) "这些年"「この数年」
- 这些年我换了好几次工作，当过秘书、推销员、杂志的编辑。
 (この数年，わたしは秘書やセールスマン，それに雑誌の編集者になったりと何度も仕事を換えた。)

▶▶「今」◀◀

"现在"は，
- 你现在在哪儿？(今どこにいるの。)
- 现在想起来，是我过于敏感了。(今思えば，わたしが神経質すぎました。)
- 我现在住的房子是我自己租的。
 (わたしが今住んでいる家は自分で借りた家です。)

のように，日本語の「今」に対応するときと，以下の例のように，「今（から）；これから」というように，未来を言うときがあります。
- 现在我告诉你。(今あなたに言います。)
- 现在报告新闻。(ただいまからニュースをお知らせします。)
- 现在去哪儿？(今からどこへ行くの。)

> 注 「今帰ったところ。」は"我刚回来。"，「今来た人は誰ですか。」は"刚才来的人是谁？"というふうに，日本語の「今」は話をしている少し前の過去を指すこともできます。

▶▶ 未来を表す語 ◀◀

a) "以后"「今後；いつか」
 "以后"は，
- 我问我妈，以后该怎么办。(わたしは母に，今後どうしたらいいのかきいた。)

のように，「今後」という日本語に対応するときと，「いつか」に当たるときがあります。
- "我也想学包饺子。""以后［哪天］我教你。"

(「わたしもギョーザの作り方を習いたいわ。」「いつか教えてあげる。」)
- "什么时候？"他追问。"以后吧。"我说。
  (「いつなの。」彼は重ねて聞いた。「いつか。」わたしは言った。)
- 也许我们不是最合适的，你以后会找到你真正爱的人。(わたしたちは一番ぴったりのカップルでないのかもしれない。あなたはいつか本当に好きな人がみつかるわ。)

> 注 「いつか」は次のように，"什么时候"でも表すことができます。
> - 什么时候我们一起去滑冰吧。(いつか一緒にスケートに行きましょう。)

b) "回头、一会儿"「あとで」

"回头"は，
- 那，回头见。(それじゃあまたあとで。)

のように，話をしている時点のすぐ後をいう場合と，つぎの例のように，さらに遠い未来を指す場合があります。
- 你们俩先认识认识，回头好联系。(君たちはあとで連絡がとれるように，まずお互い知り合ってください。)

これに対し，"一会儿"は話をしているすぐ後，長くても2，3時間後しか指せません。
- 你现在吃，还是一会儿吃？
  (あなたは今食べますか，それともあとで食べますか。)
- 你在这儿等着，他一会儿就回来。(あなたはここで待っていてください。彼はすぐにもどってきますから。)

c) "有一天、总有一天"「いつか」

"有一天"は過去に使われるのがふつうですが，仮定を表す文や，"总有一天"となると未来を表すことができます。また，"总有一天"はよく"会"と呼応します。
- 如果有一天你遇到了一个你真正喜欢的人，你会为以前的事情后悔。
  (もしいつか，本当に好きな人に出会ったら，君はきっと過去のことを後悔するだろう。)
- 要是有一天我碰上一个好人，我也会好好爱他。(もしいつか，いい人に出会ったら，わたしもきっとその人をちゃんと愛するわ。)
- 总有一天我会离开你。(いつかわたしはあなたから離れるよ。)

・総有一天一切都会好的。(いつかすべてがうまくいくよ。)
・総有一天我会去夏威夷一趟。(いつかわたしはハワイへ行くでしょう。)
・他说："総有一天你会理解我的苦楚。"
　　(彼は言った「いつか君はぼくの苦しみが理解できるでしょう。」)
"有朝一日"はちょっときどった言い方です。
・有朝一日我们会到月球旅游。
　　(いつかわたしたちは月へ旅行に行くでしょう。)

5. 時間補語と目的語の順序

　動詞が時間補語と目的語を同時にとる場合の文型は，目的語の性質によって大きく 1) 2) 二つのケースがあります。
　1) 動詞＋時間補語＋目的語（一般名詞）
・你学了几年(的)汉语？(あなたは中国語を何年間勉強しましたか。)
・我坐了两个小时(的)车。(わたしは2時間車に乗った。)
　2) 動詞＋目的語（人称代名詞）＋時間補語
・你是安顿吧？我等你半天了。
　　(あなたはアントンでしょう。わたしはあなたをずいぶん待ってたわ。)
・他找了你二十年了。(彼は君を20年間さがしつづけてきた。)
　目的語が人名や呼称の場合も 2) がふつうですが，時間補語が"一会儿""半天"のような不確定な TI を示す場合は 1) と同様に，
　　動詞＋時間補語＋人名（呼称）
でもかまいません。
・你等一会儿老马吧。(マーさんを少し待ってください。)〈1〉
・你等老马一会儿吧。(同上)〈2〉
　次に動詞の性質からみてみると，持続性動詞が時間補語と目的語をともにとる時は，目的語の性質にかかわらず，
　3) 動詞＋目的語＋動詞＋時間補語
のような文型をとることもできます。
・我找你找了好半天。(わたしは君をずいぶんさがした。)

目的語が一般名詞の場合は,

・你汉语学了几年？（あなたは中国語を何年勉強しましたか。）

のように, 目的語を主語と動詞の間におくこともできます。

また, 変化性動詞や"在"の場合は,

4) 動詞＋目的語＋時間補語＋"了₂"

の文型をとります。3) とのちがいは, 動詞をくりかえさない点です。文末の"了₂"は必須ですが, 動詞のあとは, 3) 同様"了₁"をつけません。

・你来日本（有）多长时间了？（日本に来てどのくらいになりますか。）
・他去中国一年多了。（彼が中国へ行って１年余りになる。）
・我在国外已经十多年了。（わたしは海外で暮らしてすでに十数年になる。）
・我和我男朋友在一起也好几年了。
　　（わたしはボーイフレンドと何年もいっしょにいます。）

4) は本来, 変化性動詞のための文型ですが, 持続性動詞の中にもこの文型をとれるものがあります。

・我学习中文两年了。（わたしは中国語を学んで２年になります。）
・李老师教汉语二十年了。（リー先生は中国語を教えて20年になります。）
・咱们谈恋爱两年了。（わたしたちはつきあって２年になる。）

文における主体的な要素
——助動詞

7

どの言語においてもそうですが，ことばというものには，素材にあたるものと，それをまとめあげる，意志・判断・願望といった主体的な要素とがあります。これまでお話ししてきたことは，主としてことばの素材にあたる部分でしたが，ここではこうした素材をまとめあげる主体的な要素についてお話したいと思います。

文における主体的要素もいろいろありますが，ここでは助動詞（能願動詞）や語気副詞と呼ばれるものを中心にみていきます。

1. 助動詞にはどんなものがあるか

助動詞を意味と文法機能から分類すると次のようになります。
〔A〕能力・可能を表すグループ
　会（〔習得してできる〕）
　能（〔能力があって〕できる）
　可以（〔条件があって〕できる）
〔B〕意志・願望を表すグループ
　要（〜したい）
　想（〜したい；〜したいと思っている）
　愿意（〜したい；〜する気がある）
　肯（喜んで〜する；承知して〜する）
　敢（〜する勇気・自信がある）
〔C〕当為・必要を表すグループ
　応該・該（当然〜すべきだ）
　必須（〜すべきだ）
　得（〜しなければならない）
　要（〜しなければならない；〜する必要がある）
〔D〕可能性・蓋然性を表すグループ
　可能（おそらく〜だろう）
　応該・該（〜のはずだ）
　得（〜するにちがいない）

能（〜だろう）
　　会（〜だろう）
　　要（きっと〜する）

　英語の助動詞でもそうですが，*can* に「できる」という可能を表す意味や，「〜だろう（*Can it be true ?* ＝それは本当だろうか）」のような可能性を表す意味があったり，*must* に「ねばならない」と「〜にちがいない」といった，一見ほとんど関係がないような意味が存在したりしています。一般にどの言語においても，助動詞というのは意味が多く派生しているものです。中国語でも，"応該、该""得""能""会"については2類に，"要"については3類に分かれていることに注意して下さい。能力や意志を表す助動詞が可能性・蓋然性を表したりしているのです。

　さて，上の分類からお気づきになった方もあるかも知れませんが，助動詞というのは両端が副詞と動詞に接するグループです。

(1) "也许" "恐怕" "大概" "好像"

　意味の上から言っても，"可能"などは副詞の"也许"（〜かもしれない），"恐怕"（おそらく〜だろう），"大概"（おそらく〜だろう），"好像"（〜のようだ）等と接しています。
　・他可能还不知道。（彼はおそらくまだ知らないでしょう。）
　・他也许还不知道。（彼はまだ知らないかも知れない。）
　・他恐怕还不知道。（彼はおそらくまだ知らないでしょう。）
　・他大概还不知道。（彼はおそらくまだ知らないでしょう。）
　・他好像还不知道。（彼はまだ知らないようだ。）

　"可能"は"也许"より可能性が高い表現です。"恐怕"は多く悪い結果を予期した，否定的な推量に使われます。

　なんにせよ，この中では"可能"のみが助動詞とされています。それは，"可能"にのみ否定形があるからです。
　・他不可能不知道。（彼が知らないということはない。）

　一般に，可能を表す助動詞には，以下のようにすべて対応した否定形があります。

能　　⟶　不能
可以　⟶　不可以／不能／不行
会　　⟶　不会

ただし，"不可以"は許可の否定にしか使えず，しかも，現在はだんだん"不能"や"不行"にとって代わられつつあるといわれています。

意志・願望でも，

要　　⟶　不想
愿意　⟶　不愿意
想　　⟶　不想
肯　　⟶　不肯
敢　　⟶　不敢

のように，"要"の否定が"不要"ではなく，"不想"である以外は，すべて否定形がそろっています。

しかし，当為・必要を表すグループでは，

必须　　　⟶　不用
应该・该　⟶　不应该、不该
得　　　　⟶　不用
要　　　　⟶　不用

のように，"应该、该"を除いて，ほかは否定形が対応していませんし，可能性・蓋然性を表すグループでも，

可能　　　⟶　不可能
应该・该　⟶　不会
得　　　　⟶　不会
能　　　　⟶　不会
会　　　　⟶　不会
要　　　　⟶　不会

のように，"可能""会"以外は対応する否定形がありません。〔A〕から〔D〕にいくにつれ，副詞に近づいてくるともいえます。現に，辞書によっては助動詞という品詞を認めず，すべて副詞としているものもあるくらいです。

(2)動詞か助動詞か

　助動詞が副詞と異なるところは，上で述べたように，基本的に否定形をもつことです。

　一方，"想""打算""准备"などは，テキストや文法書によっては，動詞にいれているものもあります。しかし，これらは動詞のときと助動詞のときとでは，意味に違いがありますから，やはり助動詞をたてておくべきでしょう。以下の例を比べてみてください。

　　{ 我们想想办法吧。（わたしたちは方法を考えましょう。）
　　{ 你想家吗？（ホームシックになりますか。）
　　{ 我想请你吃一顿饭。（一度あなたにごちそうしたい。）——助動詞

　　{ 你怎么不为自己打算打算？
　　{ 　（あなたはどうして自分のために考えてみようとしないのですか。）
　　{ 你打算怎么办？（あなたはどうするつもりですか。）——助動詞

　　{ 大家准备好了吗？（みなさん準備はできましたか。）
　　{ 请大家准备下车。（どうかみなさん降りる準備をしてください。）
　　{ 你准备什么时候去？（あなたはいつ行くつもりですか。）——助動詞

　"准备"の二つ目の例はまだ動詞のままといえますが，三つ目になるともはや動詞とは意味がかなり違ってきています。

　"爱"や"喜欢"では，もとの意味が活きていますので，動詞が動詞句を目的語にとっていると考え，助動詞とは考えません。

・我不爱看书。（私は本を読むのがきらいだ。）
・你喜欢唱歌吗？（あなたは歌を歌うのがすきですか。）

▶▶ 別・不要・不用・不必 ◀◀

　〔C〕の中に，"别,不要"（～するな），"不用,不必"（～する必要はない）をいれることもできます。これらはふつう副詞とされるものですが，意味的には〔C〕グループの否定ともいえるものですし，文法の上でも助動詞に近いものです。

・大家别说话。……大家不——要——说——话！
　　（みなさん話をしないで。……みなさん話はし～な～い～の。）

　ここでは，"别"よりも"不要"を使うことで，重々しい感じを与えています。

・别着急，慢慢儿来。（あせらないで，ゆっくりやりなさい。）

- "要不要打针？""不用。"(「注射をする必要がありますか。」「ありません。」)
- "有什么要我帮忙的吗？""不用。"
  (「何かお手伝いすることはありますか。」「ありません。」)
- 这么点儿小事不必麻烦别人。
  (これくらいのことで，他人に迷惑をかけることはない。)

2. 文中での助動詞の位置

助動詞は素材をまとめあげるものだといいましたが，このことはその文中での位置が比較的自由なことからもわかります。
- 可以去，可以不去。(行ってもいいし，行かなくてもいい。)
- 他们可以没有我。(彼らはぼくがいなくてもいい。)
- 能不去吗？(行かなくていいの。)

以上の例では，助動詞が否定形より前にきています。また，

◇ "別"の後には何がくるか

"別"は動作を表す動詞はもちろん，命令文には使えない動詞，形容詞なども後にとることができます。
- 別怕。(怖がらないで。)
- 別迟到。(遅刻しないで。)
- 谁也別想走。(誰も帰れるなんて思うな。)
- 你別以为我什么都不知道。
  (わたしが何も知らないと思わないでね。)
- 別这样。(そんなふうではいけない。)

形容詞では，人の感情を表すものがきます。
- 別悲观／別难过／別紧张。
  (悲観的にならないで／悲しまないで／緊張しないで。)

ただ，それ以外の形容詞で直接"別"の後におけるものは少なく，なんらかの副詞をともなっているのがふつうです。
- 別太认真了。(あまり生真面目にならないで。)
- 別太晚了。(あまりに遅すぎないように。)
- 別再固执了。(これ以上固執しないで。)

・我愿意一个人去。(わたしは一人で行きたい。)
・我能自己解决问题。(わたしは自分で問題の解決ができる。)
・你准备什么时候走？(あなたはいつ出かけるつもりですか。)

では，"一个人""自己""什么时候"のような語は動詞と助動詞の間に入っています。

さらに，助動詞の中には主語の前にもってくることのできるものもあります。

・可能她已经回家了。(おそらく彼女はもう家に帰っているでしょう。)
・今天应该你去。(今日は君が行くべきだ。)
・可以他去，也可以你去。(彼が行ってもいいし，君が行ってもいい。)
・家里的事都得我去做。
　　　(家の中のことはすべてわたしがしなくてはならない。)

助動詞の特徴をいくつかみてきたところで，次に，先にあげた〔A〕〜〔D〕のグループをもう少し詳しくみていくことにしましょう。

3. 助動詞各論

(1) 能力・可能を表すグループ〔A〕

中国語には「〜できる」という可能を表す助動詞が三つもあります。しかも，動詞が補語をともなっているときは，可能補語によるのがふつうですから，これらの使い分けに習熟しなければいけません。もっとも，ここに中国語の特徴が現れていると思えば楽しいことですが。

さて，まず，可能を表す助動詞の用法をざっと示します。

[表1]

	能	可以	会
(a)能力があってできる	◎	○	×
(b)条件があってできる	○	◎	×
(c)許可されてできる	○	◎	×
(d)習得してできる	×	×	◎

◎印をつけたのが，その主要な動きで，○はそういう用法もあるということ

を示します。例もあげておきましょう。
　　1）这么多菜你能［可以］吃完吗？
　　　　（こんなにたくさんの料理を食べきれますか。）→　不能
　　2）你现在可以［能］出来吗？（今出てこられますか。）→　不能
　　3）这儿可以［能］抽烟吗？
　　　　（ここでたばこを吸ってかまいませんか。）→　不可以・不能・不行
　　4）你会开车吗？（車の運転ができますか。）→　不会
　"不能"は1）～4）のどれを否定するのにも使えますが，"不可以"は許可の否定にしかなりません。しかも,現在ではあまり使わない傾向にあり,"不能"を使うか，単独で答えるときには"不行！"を使うことが多いようです。おおまかな知識を得たところでさらに詳しくみてみましょう。まずはもっとも単純な"会"から。

▶▶ 会 ◀◀

　この中で一番単純なのは"会"です。"会"は「習得して,習い覚えてできる」ということで，ほかの助動詞と紛れるところがあまりありません。
　・你会开车／游泳／滑冰／滑雪／跳舞吗？
　　　　（あなたは運転／泳ぎ／スケート／スキー／踊りができますか。）
もちろん,「習い覚える」とはどういうことかを問題にしないといけません。たとえば，"抽烟""喝酒"についても"会"が使えます。日本語でも「たばこを覚える」「酒を覚える」といいますから,これらも習い覚えるものなのでしょう。
　赤ん坊がはったり（"爬"），立ったり（"站"），歩いたり（"走"）するのも"会"です。
　・小孩儿会爬了。（子どもはハイハイができるようになった。）
　・小孩儿会站了。（子どもはタッチができるようになった。）
　・小孩儿会走(路)了。（子どもは歩けるようになった。）
　・小孩儿会说话了。（子どもはしゃべるようになった。）
　このうち注意したいのは"站"で，これは1章でもお話したように,「つかまり立ち」ができるということで,「立ち上がる」ということではありません。後者は"站起来"と言うのでした。"站起来"は"站"するより難しく,子どもの発達段階としては,まず"站"から始めるわけです。中国語の"站"が「立っ

た状態を維持する」ということがこのことからもわかります。

「習得」の例をいくつかあげておきましょう。

- 我不会喝酒，但是今天不能不喝。
   （わたしはお酒が飲めなかったが，今日は飲まざるをえなかった。）
- 男人就是不会收拾。（男というのは片づけができない。）
- 只要会过日子就行了。（日々のやりくりができればそれでいい。）
- 我不会写文章，怕写不好。
   （わたしは文章が書けません，うまく書けないと思う。）
- "你怎么想？""我还小，不大会想。"（「君はどう思う。」「わたしはまだ小さいから，あまり考えられません。」）

先に「習得」とは何かという問いを発しておきましたが，一般に外国語を話せるのは"会"で，中国語の放送を聞いたり，読んだりするのは"能"の領域になります。

- 你会说汉语吗？（あなたは中国語が話せますか。）
- 你能听懂中文广播吗？（あなたは中国語の放送が聞いてわかりますか。）
- 你能看懂中文报纸吗？（あなたは中国語の新聞が読んで理解できますか。）

以上のこととも関係がありますが，一般に何かの技能ができるかどうかは"会"の領域ですが，その中味にはいると"能"になるということです。以下の例を比べてください。

- 你会游泳吗？（あなたは泳げますか。）
- 你能游多远？（あなたはどのくらい泳げますか。）
- 你会打字吗？（あなたはタイプが打てますか。）
- 你一分钟能打多少字？（あなたは一分間に何字打てますか。）
- 你能游泳吗？

というと体調を聞いていることになります。また,「子どもが歩けるようになる」は"会"でしたが,「骨折した足が治って歩けるようになる」だと"能"ということになります。

- 老李能走路了。（リーさんは歩けるようになった。）

"会"にはまた,「～するのがたくみだ」という意味もあります。この場合,肯定形では多く程度を表す副詞をともないます。

- 你可真会说话。(あなたって話がお上手ね。)
- 这孩子挺会动脑筋的。(この子はとても頭の回転がはやい。)
- 他很会说笑话。(彼は人を笑わせるのが得意だ。)
- 她很会做菜。(彼女は料理が得意だ。)
- 她很会买东西。(彼女は買い物上手だ。)

しかし，否定形では少々状況が異なります。つまり，ことばそのものからは，本当にできないのか，謙遜で言っているのかわからないのです。

そもそも，どういうときに「へただ」と解釈できるのかという問題があります。たとえば，

- 我不会游泳／走路／开车／骑车。

などは，ふつう「できない」としか理解できません。「へただ」と訳せそうなのは，

- 我不会做菜／说话／买东西。

のように，その中に程度差を含む場合です。

また，誰が話すのかも関係してきます。たとえば，

- 我不会说话。

を聾啞者が言えば（書けば）「話せない」でしょうが，健常者が言えば，「口べた」だということになります。

- 我不会买东西。

でも，子どもが言えば「できない」で，大人が言えば，「買い物がへただ」ということになるでしょう。先にも述べましたが，

- 我不会做菜／跳舞／唱歌。

などは，本当にできないのか，謙遜なのかわかりません。つまり，この表現は事実を伝えるというより，どう伝えるかというレベルであると思います。ちなみに，中国人が，

- 我不会做菜／跳舞／唱歌。

といっても，そのままうのみにはできません。

▶▶ 能 ◀◀

"会"でみた，

- 她很会说话。(彼女は本当に話がうまい。)

を，

- 他很能说。

というと,「雄弁だ」という意味になります。
・他很能喝。

は「酒豪だ」ということです。このような例としては,つぎのようなものがあります。どれも程度副詞がつくことが特徴的です。
・他很能睡。(彼はよく寝る。)
・他很能吃。(彼は健啖家(けんたん)だ。)
・他不怎么会说,但很能写。
　　(彼はしゃべるのはあまり得意ではないが,書くのは達者だ。)
・张老二的女人特别能生孩子。(チャンの次男坊の女房は多産系だ。)

"能"は,一般に能力を表すといわれ,日本語に訳した場合には「～できる」が対応しますが,その中味を検討すると範囲は広く,「主体的な能力があってできる」というものから,「客観的条件があってできる」「道理上できる」というものまであります。以下,そうした例をみてみましょう。

a) 主体的な能力があってできる
・那种场面你能想像吗?(そういう場面をあなたは想像できますか。)
・他跟我家里任何人都能聊天儿。
　　(彼は我が家の誰とでもおしゃべりができる。)
・买这么多萝卜能吃完吗?
　　(こんなにたくさん大根を買って食べられるの。)
・虽然我不一定能像我妈做得那么好。(もちろん,わたしは母がやったように立派にできるとは限らないけれど。)
・他能把我怎么样?(彼がわたしをどうできるというの。)
・生鱼片,你能吃吗?(さしみを食べることができますか。)
・一想到只有我们俩能听懂,我还有点儿得意。(わたしたち二人だけが聞いてわかると思うと,わたしはいささか得意になった。)
・我是希望大家都能理解我们。(わたしはみんながわたしたちのことを理解してくれればと思っているのです。)
・我们学校不是一个人人都能考上大学的学校。(わたしたちの学校はみんなが大学に受かるというような学校ではありません。)

以下の例は「主体的な能力」の否定です。
・他嗓子不好,特别容易感冒,感冒了就不能上课。(彼はのどが弱く,よく

風邪をひいた。風邪をひくと授業に行けなかった。)
- 她怕不能把我培养成人。
 (彼女はわたしを立派に育てられないのではと心配した。)
- 我说为什么我们不能两个人一起好好生活。
 (わたしたちはどうして二人だけでちゃんと暮らしていけないの。)

b) **客観的条件があってできる**
- 有这么些钱能买多少油彩和好的纸啊！
 (これだけのお金があれば、どれだけの絵の具と紙が買えるだろうか。)
- 这次能有机会访问贵校，我感到非常荣幸。(今回貴校を訪問する機会をもて、わたしはとても光栄に思っています。)
- 我心里很渴望能有个男孩儿与我相伴。(わたしは心の中で、わたしの彼氏になってくれる男友だちがいればいいなと思った。)
- 除了等,还能有什么办法？(待つ以外にどんな方法があるというのですか。)
- 我很希望能碰上他,但是没有那么巧。(わたしは彼と会えればいいなと思ったが、そんなにうまくはいかなかった。)
- 晚上七点钟的事情，能不能改个时间？
 (夜7時の仕事は時間を変えられませんか。)
- 我觉得我的生活到今天还能这么好，都是因为我妈妈的帮助。
 (わたしの生活が今でもこんなにいいのは、すべて母親のおかげだ。)
- "为什么不能吃？""因为这是我们饭馆的名字。"(「どうして食べられないの。」「なぜならこれはわたしたちの店の名前ですから。」 ※字が読めないのにメニューのレストランの名前を指さして、「これをくれ」と言った客に対して)

c) **道理上できる**
これは大部分疑問・反語のケースです。
- 你能袖手旁观吗？（あなたはほおっておけますか。）
- 朋友有困难，你能看着不管吗？
 （友だちが困っているのに、あなたは見て見ぬふりができますか。）
- 我怎么能麻烦你呢？
 （わたしはどうしてあなたに迷惑をかけることができましょうか。）
- 我怎么能让她失望呢？
 （わたしはどうして彼女を失望させることができるでしょうか。）
- 你说我还能拒绝他吗？

(わたしにこれ以上彼を拒絶できると思いますか。)
・你说，我心里能好受吗？（わたしの気分がいいと思いますか。）
・离开一个熟悉的地方不是说一声走就能走得成的。（慣れた土地を離れるのは，「行くよ。」と一声言って離れられるようなものではない。）

否定形もあります。
・我不能告诉你。（あなたに言うわけにはいかない。）
・我不能这么做。（そんなふうにすることはできない。）
・上班的时候是不能请假的。（仕事中に休みをとることはできない。）
・我的表到点了，人家不让走也不能走。（わたしの時計が時間になっても，帰らせてくれないし，帰るわけにもいかない。）

以下の例は後に"（没）有"が来ています。こういう表現も可能です。
・我不能没有你。（あなたなしではいられない。）
・她不能没有眼睛啊。（彼女は目がなくてはいられない。）
・那时候家里不能有三个人。
　　（そのころ，家では三人がいっしょになってはいけなかった。）

以上の例からもわかるように，"不能"は「主体的な能力がないからできない」「客観的な条件がないからできない」「道理上できない」のどの場合にも使うことができます。しかし，一般には，最後の「道理からいってできない。〜するわけにはいかない。――してはいけない」のケースであることが多いので，その意味でないかどうかまず疑ってみましょう。

d) 敬意表現

"能"による疑問文は，「〜できるかどうか」ということから敬意表現として使われることがあります。
・先生，能帮我们照张像，好吗？
　　（あの，かわりに写真をとっていただけませんか。）
・师傅，能不能再便宜一点儿？（あの，もうすこし安くしてくれませんか。）

e) "不能不"「〜しないわけにはいかない」

これは応用です。このままのカタチでも聞いて理解できるようにしましょう。
・我不会喝酒，但是今天不能不喝。（わたしはお酒が飲めません。でも今日は飲まないわけにはいきません。）
・但是不能不说他是一个很称职的领导。
　　（しかし，彼は適任の指導者だと言わざるをえない。）

f)"只能"「〜する(〜で)しかない」

これも"只"と"能"に分けず，ひとかたまりで覚えましょう。
- 我们只能忍耐，等待有一天事情会改变。
  (わたしたちはただ耐えるしかない。いつか状況が好転するまでは。)
- 丁力要求和我唱歌，同事们鼓掌，我只能应付一下。
  (ティンリーはわたしにいっしょに歌うよう求め，同僚たちもはやし立てたので，わたしは合わせるしかなかった。)
- 惟一的解释只能是我和林枫没有白头到老的缘分。
  (ただ一つの解釈は，わたしとリンフォンがともに白髪の生えるまでという縁がなかったということでしかない。)

▶▶ 可以 ◀◀

"可以"というと，「許可」の用法が思い浮かぶと思います。まず，その用法をあげましょう。
- "张老师，现在可以进来吗？""可以，可以。快进来吧。"
  (「チャン先生今入ってもいいですか。」「いいよ。いいよ。どうぞお入り。」)
- "这件衣服，我可以试试吗？""当然可以。试衣室在这边儿。"
  (「この服を試着してもいいですか。」「もちろんいいですよ。試着室はこちらです。」)
- "这儿可以抽烟吗？""不行。"
  (「ここでたばこを吸っていいですか。」「だめです。」)
- 一年以后可以带夫人。(一年後に夫人を同行できる。)

"可以"はまた「客観的条件があってできる」場合にも使えます。
- 你要是有病，可以在车上开刀。
  (もしあなたが病気なら，車内で手術をすることができます。)
- 如果你觉得可以写，你就写吧。不清楚的地方，我可以给你补充。
  (もしあなたが書けると思ったら書いてください。はっきりしないところは補足しますから。)

形容詞がくる場合もあります。
- 这一句可以很简单，也可以很复杂。
  (このひとことというのは，簡単でもいいし，とても複雑でもいい。)

つぎに否定形がくるのもこの意味です。

- 明天可以来，也可以不来。(明日は来てもいいし、来なくてもいい。)
- 明天上午停课，我可以不来学校。
  (明日の午前は休講だから、学校に来なくていい。)
- 他们可以没有他，只要有一个我就够了。
  (彼らにとって彼はいなくていい。わたしが一人いれば充分なのだ。)

「客観的条件があってできる」という場合は、「～してかまわない」という日本語にしてみると自然な例も少なくありません。
- "我也想学包饺子。""以后，我可以教给你。"(「わたしもギョーザの作り方を習いたい。」「いつか教えてあげますよ。」)
- "有很多地方弄不清楚。""我可以帮你复习。"(「はっきりしないところがたくさんある。」「復習を手伝ってあげてもいいですよ。」)
- 他说天太晚了，他可以送我回家。
  (彼は、もうおそいから、家まで送っていってもいいと言った。)

"是"とも結びつきます。
- 动词的宾语可以是名词，也可以是动词，也可以是主谓短语。
  (動詞の目的語は名詞であってもいいし、動詞であってもいい。また、主述フレーズであってもいい。)

"可以"には、また「～するといい」という「勧め」の用法があります。
- 这本书不错，你可以看看。(この本いいから読んでみたら。)
- 坐着没事，你们可以听听音乐。
  (じっとしていて暇なら、音楽を聴いてみるといいよ。)

以下の例は形容詞と言っていいものです。
- 味道还可以。(味はまあまあだ。)

(2) 意志・願望を表すグループ〔B〕

▶▶ 要 ◀◀

「意志」を表す"要"は、"想"よりも強い意志を表します。
- 你要吃什么？(何が食べたい。)
- 我要跟你过一辈子，你为什么老要跟我分开呢？(ぼくは君と一生つれそいたいと思っているのに、君はどうしていつもぼくと離れたがるの。)
- 本来我们要出一本共同的书，但是永远不可能了。(もともと、わたしたち

は共著を出そうと思っていたが，永遠に不可能になった。）

三人称の意志を表すこともできます。

- 爷爷要睡觉，叫我走。
  （おじいさんは寝たがって，ぼくに帰りなさいと言った。）
- 爷爷要喝水就给倒，别烫着。（おじいさんがお湯を飲みたがったら，いれてあげて。やけどをしないように。）
- 陆经理要跟你谈谈。（ルー支配人があなたと話したがっている。）
- 有一天，她告诉我，要给我介绍一个男孩儿。
  （ある日，彼女はわたしに男の子を紹介すると言った。）
- 我那个女友要给我介绍的就是这个男孩儿。（わたしのあの女友だちがわたしに紹介しようとしたのはまさにこの男の子だった。）
- 有一个大爷就在楼下嚷，说车挡路了，要砸车。（一人のおじいさんがアパートの下で「車が道をふさいでる，たたきこわすぞ。」と叫んでいた。）

意志の"要"の否定形は"不想～"ですが，反復疑問文では，"要不要"となることがあります。ただし，これは南方的な言い方だとされています。

- "你要不要吃点儿东西？""我不想吃，我不饿。"
  （「何か食べたいか。」「いいえ，おなかはすいていません。」）
- 你还要不要活，要不要工作？
  （おまえはまだ生きたいのか，仕事をしたいのか。）

意志を表す"要"は"非～不可"（どうしても～する）の中にはいることがあります。

- 不让他去，他非要去（不可）。
  （彼を行かせまいとしたのに，どうしても行こうとする。）
- 他们非要给我找一个媳妇不可。
  （彼らはわたしにどうしても嫁を紹介しようとする。）

▶▶ 想 ◀◀

"要"が強い，直接的な意志を表すとすれば，"想"は余裕のある意志で，「～したい；～したいと思っている」という日本語に対応します。ただ，"很想～"となると強い意志になります。

- 你来得正好，我正想去找你呢。（君はいいところに来た。ちょうど君のところへ行こうと思っていたところだ。）

文における主体的な要素——助動詞　——　189

・莉莉想找你谈一谈。(リーリさんはあなたと話したがっている。)
・我想让你叫我施艳。(わたしのことをシーイエンと呼んでもらいたいの。)
・现在这个男朋友很想娶我，我下不了决心。(今のこのボーイフレンドはとてもわたしを嫁にしたがっているが、わたしは決心がつかない。)
・好像有很多话想说，又好像什么也不用说。(とってもたくさん話したいことがあるようだけど、なんにも話す必要がないようにも思う。)
・我不想死。(わたしは死にたくない。)
・我真不想活了。(わたしは本当にもう生きるのがいやになった。)
・他根本不想要我。(彼はまったくわたしを必要としない。)
・我不是说男孩子成长就不需要母亲，我是想说，对女孩子来说，妈妈这个角色是很特别的。(わたしは男の子は成長の過程で母親を必要としないと言うのではありません。わたしが言いたいのは、女の子にとって母親という役割が特別なものだということです。)

この"我是想说～。"(わたしは～と言いたいのです。)もよく使う表現です。
　ところで、"想"という助動詞は、
・你长大了想干什么？(大きくなったら何をしたい。→何になりたい。)
・我伸出手来想摸摸他的脸，他躲开了。(わたしは手を伸ばして、彼の顔にさわってみようとしたが、彼はよけた。)

のように、「～したい」ことが"想"の後にくるのがふつうですが、以下の例のように、間に"想"を受けない他の動詞句が入ることがあります。
・她小时候特别想长大了当记者。(彼女は小さいころ大きくなったら記者になりたいととても思っていた。)
・他想等毕业了再跟她结婚。
　(彼は卒業したら彼女と結婚しようと思っていた。)

"想"はそれだけでは意志を表せない動詞にもつくことができます。
・你想吐，就吐吧。(吐きたければ吐きなさい。)
・我很想看见他，又怕看见他。
　(わたしはとても彼を見たかったが、一方で見るのが怖かった。)
・我很想知道。(わたしはとても知りたい。)

「ある一定期間～したいと思い続ける」ときは、つぎのような時間を表す副詞を使います。
・我早就想去，不过一直没有时间。(わたしは前から行きたいと思っていま

したが，ずっとひまがありませんでした。）
- 我一直想到报社或者杂志社工作。
  （わたしはずっと新聞社か雑誌社で働きたいと思っていました。）

"想"は状態を表す動詞につくと，「出来事化」「動作化」させます。
- 我想知道他的事情。（わたしは彼のことを知りたい。）
- 我想先了解一下这儿的情况。（わたしはここの様子をまず知りたい。）

どちらも，"想"がなければ「知っている」という状態的な意味しか表せません。

▶▶ 愿意 ◀◀

"愿意"は「自ら～したい」という積極的意志を表すことばで，特に否定形では，"想"との違いが際だちます。たとえば，
- "我不想理他。" "为什么？" "我不愿意。"
  （「彼なんて相手にしたくない。」「どうして。」「いやだってば。」）
- "黄校长，我不想讲。" "怎么回事？" "（爆发出来）我不愿意。"
  （「ホワン校長，わたしは話したくないんです。」「どうしたんですか。」「（突然）いやなんです。」）

のように，いったん"我不想～"と言っていたのを，さらにたたみかけて否定するときに，しばしば"我不愿意"が使われます。

"愿意"の例をさらにいくつかあげてみましょう。
- 我愿意跟你在一起。（私はあなたといっしょにいたい。）
- 最动感情的话，还是愿意写下来。
  （もっとも感動的な話はやはり書き残しておきたい。）
- 他就不是那个让我喝凉水，饿肚子也愿意在一起的人。
  （彼は水を飲み，おなかをすかせてもいっしょにいたい人ではない。）
- 谁也不问我愿意跟着谁。其实我不愿意跟着我爸。
  （どっちもわたしに誰について行きたいなんて聞いてくれなかった。実際のところ，わたしは父にはついて行きたくなかったが。）

"愿意"はつぎのように単独で述語になることができます。
- 他好像不太愿意。（彼にはどうもその気がないようだ。）
- 只要家长愿意，大都能够入托。
  （父兄が望みさえすれば，全員保育園にあずけることができる。）
- 如果他不愿意，就别勉强他。

(もし彼にその気がないのなら無理強いしてはいけない。)
　・那要你永远留在这儿，你愿意吗？
　　　(ではあなたにいつまでもここにいろと言ったら，そうしますか。)
　つぎのような"愿意"は，「～したい」という日本語より「～する気がある」という日本語に対応しています。
　・谁愿意帮助我？(誰かわたしを助けてやろうという人はいますか。)
　・有问题就尽管问，老师是愿意帮助你的。(質問があるなら遠慮なく聞いてください。先生はあなたを助けることを願っていますから。)
　"愿意"はつぎのように，後に文をとることができますが，本来"叫""让"を補って理解すべきものです。
　・我不愿意（叫）人家介绍，我……我要自己找。(わたしは人に紹介してもらいたくない。わたしは……わたしは自分でさがすの。)
　・你愿意（叫）爸爸在爷爷面前挨骂？(あなたはお父さんがおじいさんの目の前で罵られることを望んでいるのか。)

▶▶ 肯 ◀◀

　"肯"は「承知する；すすんで～する」という意味ですが，それほどよく使われるわけではありません。
　・小王什么事都非常肯干。(ワンさんはなんでもすすんでする。)
　・我让他去，他不肯去。(彼を行かせようとしたが行きたがらない。)
　・那天我主动要求他吻我，他不肯。
　　　(その日わたしは自分からキスを要求したが，彼はしてくれなかった。)

▶▶ 敢 ◀◀

　"敢"は「～する勇気がある；度胸がある」という意味で，否定形の使用が目立ちます。
　・她想要，但是她不敢说。(彼女はほしかったが言えなかった。)
　・我发现我从此再也不敢看他了。
　　　(わたしはそれ以後彼を直視できなくなっていることに気づいた。)
　・我不敢问她，那个反复出现的他，究竟是谁。(そのくりかえし現れる彼がいったい誰なのか，わたしにはあえて聞く勇気はなかった。)
　・我不敢也不能告诉她。

(わたしは彼女に言う勇気もなかったし，言うわけにもいかなかった。)

肯定形は，

・这姑娘很敢提意见。(この娘は堂々と意見を言う。)
・我敢说他肯定有女朋友。
　　(確信をもって言うが，彼にはきっとガールフレンドがいる。)

のように「～する勇気／自信がある」ときに使いますが，それよりも，

・你敢打赌！ (賭けをする勇気があるか。)

のような疑問の場合か，あるいは，相手が包丁をふりかざしたときになどに，

・你敢！你敢！ (やれるか，どうだ。)

のように単独で反語として使う方が多いでしょう。

(3) 当為・必要を表すグループ〔C〕

▶▶ 应该・该 ◀◀

ここでの"应该""该"は道理からいって「当然～すべきだ」という意味です。

・不用谢，这是我应该做的。
　　(お礼にはおよびません。これは私が当然すべきことですから。)
・不早了，我该走了。(おそくなった，もう行かなくては。)
・我不知道该怎么感谢你才好。
　　(わたしはあなたにどう感謝していいかわかりません。)

"不知(道)(应)该怎么～才好"は応用のきく構文です。

・我不知道应该怎么 { 回答他 / 称呼他 / 跟你说 } 才好。
　　(どう彼に答えるべきかわからない。)
　　(どう彼を呼ぶべきかわからない。)
　　(どうあなたに言うべきかわからない。)

"才好"や"不知道"がない場合もあります。

・那种感觉我不知道该怎么形容。
　　(その感覚はどう形容すべきかわからない。)
・我应该怎么跟你说我妈是一个什么样的人呢？
　　(私の母がどんな人間かあなたにどう言えばいいのでしょう。)

さらに，例をみましょう。

・他怎么也没有想到，又是我，夺走了本来应该属于他的东西。
　　(本来彼に属すべきものをまたわたしが奪い去るなんて，どうして彼に

想像できただろうか。）
- 在我的成长过程中，应该说是没有什么所谓隔阂的感觉的。
（わたしの成長の過程で，特にいわゆるわだかまりといった感触はなかったと言うべきだ。）
- 我们应该算那种比较流行的组合。
（わたしたちは比較的はやりのカップルだと見なすべきだ。）

否定形は，"不应该""不该"となります。
- 我不应该说他的坏话，但是他确实不是一个有责任心的人。
（わたしは彼の悪口を言うべきではないが，確かに彼は責任感のある人間ではなかった。）
- 也许我问了不该问的问题。
（わたしは聞くべきではない質問をしたかも知れない。）
- 该来的不来，不该来的倒来了。
（当然来るべき人が来なくて，来なくていい人がやってきた。）

他の助動詞と平行に並ぶ場合もあります。
- 母亲应该也必须成为女儿在成长过程中的导师。
（母親は当然，娘が成長していく過程の先生になるべきだ。）

"应该"は主語の前にくることもできます。
- 今天的会议应该你去。（今日の会議は君が出席するべきだ。）
- 应该你做的事就不应该推给别人。
（君が当然すべきことを他人に押しつけてはいけない。）
- 要想取得好成绩，就应该大家共同努力。
（立派な成果をあげようと思えば，みんなで共に努力すべきだ。）

"应该"は単独で述語にもなります。
- 我们互相帮助、互相关心是应该的。
（わたしたちが互いに助け合い，関心をよせあうのは当然のことだ。）
- 讥笑别人是很不应该的。（人をバカにするのはまったくよくないことだ。）
- 这样的行为太不应该了。
（このような行為は本当にあってはならないことだ。）

▶▶ 必须 ◀◀

「必ず〜しなければならない」という意味で，口語でも比較的よく使います。

・我必须3点以前赶到那儿了。
　　（わたしは3時までにそこに急いで行かなくてはならない。）
・明天的会很重要，你必须参加。
　　（明日の会議は重要だから，ぜひ出席するように。）
・你必须现在就来。（あなたは今すぐ来なくてはいけない。）
連用する助動詞としては"要"があります。
・他说我必须要相信自己。
　　（彼は必ず自分自身を信じなければいけないとわたしに言った。）
・我必须要找到这个人。
　　（わたしはぜひともこの人を見つけださなくてはならない。）

▶▶ 得 ◀◀

「〜ねばならない」という意味を表す口語の助動詞です。否定形は"不用"を使うしかありません。
・房子是林枫单位分的，我得搬走。（家はリンフォンの職場から分けてもらったものだから，わたしは引っ越さなければならなかった。）
・我得赶紧赶回单位去。（わたしは急いで職場にもどらなければいけない。）
複文の主文にもよく出てきます。
・今天你不想看，也得看。（今日は見たくなくても見なくてはいけない。）
・没钱也得借钱办。（金がなくても借りてやらなくてはいけない。）
・"你吃。""我吃过了。""吃过了，也得吃。"
　　（「お食べ。」「もう食べました。」「食べても食べなくっちゃ。」）
・路再远也得去。（道がどんなに遠くても行かなくては。）
・再贵也得挣钱买。（どんなに高くても金を稼いで買わなくては。）
主語の前におくこともあります。
・这得我负责。（これはわたしが責任を負わなくては。）
他の助動詞では，"必须"とともに使います。
・我必须得走了。（わたしはもう行かなくてはならない。）
"非〜不可／不行"の中に用いられることがあります。このパターンにはいるものとしては，ほかに意志を表す"要"がありました。
・要说服他，非得我亲自去不可。
　　（彼を説得するには，わたし自ら行かなくてはならない。）

▶▶ 要 ◀◀

「〜しなければならない」という「必要」を表す用法です。否定は"不要"ではなく"不用"を使います。"要"には「〜したい」という意味もありますが，"一定要"となるのは，「ねばらならない」の意味の方です。

・借东西要还。(物を借りたら返さなくてはいけない。)
・你一定要回来一次，要不，你一辈子都会后悔的。(あなたはぜひとも一度は帰ってこないといけない。でないと，一生後悔するよ。)
・只是为什么善良的人总是要面临我妈这样的选择？(ただ，どうして善良な人がいつもわたしの母のような選択に直面しなければいけないのか。)

上で否定形は"不用"となると言いましたが，反復疑問文では，"要不要"となることができます。

・要不要我亲自去一趟？／我要不要亲自去一趟？
　(わたしが自ら行く必要がありますか。)
・"要不要打针？""不用打。吃点儿药就行了。"(「注射を打つ必要がありますか。」「ありません。少し薬を飲めばそれでいいです。」)

(4) 可能性・蓋然性を表すグループ〔D〕

▶▶ 可能 ◀◀

「そういう可能性がある」という意味で，述語の前だけでなく，しばしば文頭にもきます。また，"可能是〜"のカタチをとることもあります。

・这样可能不及格。(これじゃあおそらく落第だ。)
・如果他说了，可能最多判刑两年。
　(もし彼がしゃべれば，おそらくいちばん長くても2年の判決だ。)
・老人家是从农村来的，可能是老模范，也许是老军属。(老人は農村から来た人で，おそらくかつての模範的人物か，もと軍人でしょう。)
・可能每一个中国家庭都是这样的。
　(おそらくどの中国の家庭もこんなふうでしょう。)
・我看，可能是他偷了，也可能没有这回事。(わたしが思うに，彼が盗んだのかもしれないし，そういうことはなかったのかもしれない。)
・可能是我隐瞒得太好了。
　(おそらくわたしの隠し方がうまかったのでしょう。)

・很可能他已经回国了。(彼がすでに帰国している可能性は高い。)

他の助動詞では、"要"や"会"といっしょに用いられます。この場合も必ず"可能"が先にきます。

・看这天气，可能要下雨。(この空模様では、雨が降るかもしれない。)
・如果我小妹妹没有偶然知道这些，那么我的父母可能会让它成为一个永远的秘密。(もし、末の妹が偶然このことを知らなかったら、わたしの両親はおそらくそれを永遠の秘密にしていたでしょう。)

"会"と呼応する場合、"可能"が文頭に出て、"会"が述語の前にくるというふうに、分離することもあります。"会"の位置は述語の前という制約があるのに対し、"可能"の方は文中の位置が文頭、主語の後と自由なわけです。

・那样可能我心里还会好受一些。
（そうならわたしの心もいくぶんなごむことでしょう。）
・这样可能学校会开除他。
（こんなことではおそらく学校はかれを除籍するだろう。）
・可能对别人也会有一些帮助。
（おそらく他人に対してもいくらか助けになるでしょう。）

否定は"不可能"です。

・根本不可能有那样的想法。(まったくそんなふうには考えていなかった。)
・明摆着不可能再像过去那样了。
（明らかにもう昔のようにはならないだろう。）

"可能"は単独で述語になることができます。

・"这可能吗？""这完全可能。"
（「そんなことがありうるの。」「まったくありえます。」）
・这怎么可能？（そんなことがありえますか。）
・这不可能。(そんなことはありえません。)
・这不大可能。(そういうことはあまり考えられません。)

▶▶ 应该・该 ◀◀

ここでは「道理から言って当然〜すべきだ」の意味ではなく、「〜のはずだ」という推量の例をあげますが、「〜すべきだ」に比べてそう多くは出てきません。

後にくるのは多く現在の状態を表す動詞、状態的な述語です。

- 你应该明白我的意思。(君はぼくの考えが当然わかっていいはずだ。)
- 都七点了,她也该回来了。(もう7時だ,彼女が帰ってきてもいいころだ。)
- 他早应该大学毕业了吧。(彼はとっくに大学を卒業しているはずだ。)
- 你和她从小在一起长大,你应该最了解她。
 (あなたは彼女と小さいときからいっしょに育ってきたのだから,一番彼女のことを知っているはずだ。)
- 我的心你应该知道。(わたしの心をあなたは知っているはずだ。)
  注 "应该知道"は,ここのように「当然知っているはずだ」という場合と「当然知らなければならない」という場合の二義的です。

"应该是"と続く場合も,多くは,「～であるはずだ」と理解できます。
- 他是前年入学的,现在应该是三年级了。
 (彼は一昨年に入学しているから,今三年生のはずだ。)
- 我们过了两年多安逸日子,那应该是我生命中最宁静的一段时间。
 (わたしたちは二年間安穏な日々を送った。それはわたしの生涯の中で最も静かな日々であったはずだ。)

しかし,次のような例は「～であるべきだ；～であるはずだ」にもとれそうです。
- 这应该是语法分析的最终目的。
 (これは文法分析の最終目的でなければならない。／であるはずだ。)

▶▶ 得 ◀◀

"得"には「～ねばならない」という意味がありましたが,ここでの「～にちがいない；～のはずだ」も口語的な色彩が強いものです。
- 你一来,她准得高兴。(君が来れば彼女はきっとよろこぶよ。)
- 这么下去,你得犯错误。(こんなふうにしていくと,君は誤ちを犯すぞ。)
- 考试不及格爸爸准得批评我。
 (試験に合格しなければお父さんはきっとぼくをしかるに違いない。)
- 我家粮食不够吃,不挑野菜就得饿死。
 (家の食料が足りないから,野草をとらないと餓死してしまう。)

▶▶ 能 ◀◀

"能"には可能性を表す用法がありますが，これは上でみた可能の「道理から言ってできる」につながるものです。

- 这样做他能高兴吗？（こんなふうにして彼がよろこぶだろうか。）
- 你不告诉她，她能知道吗？
   （あなたが彼女に言わなければ，彼女は知りようがないでしょう。）
- 不是他，还能是谁？（彼でなくて誰だと言うんだ。）
- 草都没了，牛还能在这儿吗？
   （草が全部なくなったのに，それでも牛はここにいるでしょうか。）

▶▶ 会 ◀◀

入門では，「習い覚えてできる」という"会"をまず習いますが，読み物などで出てくるのは，圧倒的に可能性を表す"会"の方で，このことばのニュアンスをよく把握する必要があります。また，8章でもとりあげますが，仮定・条件を表す複文などでは後の文に頻出します。「もし～なら，"会"（だろう）～」という具合にです。

一般に，"会"だけで使われるときは，「～だろう；～ということになる」と言った軽い推測です。

- 明天会不会下雨？（明日は雨が降るかな。）
- 我觉得这个叔叔一来就会把我妈抢走。（わたしはこのおじさんが来たら母を奪って行ってしまうと思いました。）
- 有多少陌生人会理解我们？（見知らぬ人がどれだけわたしたちのことを理解してくれるでしょうか。）
- 如果没有他们，就不会有我的今天。
   （もし，彼らがいなければ，わたしの今日はなかったでしょう。）
- 我们俩的关系并不是我生活的主要部分。可能以后也不会是。
   （わたしたち二人の関係はわたしの生活の主要な部分ではない。おそらくこれからもそうではないでしょう。）

"不会"と"是"がむすびついて"不会是"となることに注意してください。"是"も助動詞の一部とは結びつくことができるのです。

- 我知道你会来，不过没想到是半夜。（わたしは君が来ることは知っていたが，真夜中に来るとは思ってもいなかった。）

"会～的"，"一定会～的"のように，「確認」を示す助詞の"的"をとると，だんだん可能性が高くなっていきます。
- 如果是我的妈妈，她也一定会这么做。
　　（もし，わたしの母でも，きっとそうするでしょう。）
- 就是说了我妈也不会答应给她买的。（たとえ言ったとしても，母は彼女に買ってやるとは言わなかったでしょう。）
- 不会的，他不是那样的人。（そんなことはない，彼はそんな人ではない。）
- 人会老的。（人は年をとるものだ。）
- 这样过几天就会好的。（こうすれば，何日かしたらよくなるはずです。）
- 这不会是真的。（それは本当であるはずがない。）
- 我一辈子都不会告诉她的。（わたしは生涯彼女には話さないでしょう。）
- 我相信我们的女儿是一定会回来的。
　　（わたしは娘は必ず帰ってくると信じています。）
- 她听了一定会生气的。（彼女が聞いたらきっとおこるよ。）

最後の例は，以下のように応用がきく構文です。
- 你妈知道了一定会伤心的。
　　（あなたのお母さんが知ったらきっと悲しみますよ。）
- 你爸爸看了一定会高兴的。
　　（あなたのお父さんが見たら，きっとよろこびますよ。）
- 老师知道了一定会难过的。（先生が知ったらきっと悲しみますよ。）

"会"は一般に未来のことがらについて述べると説明されることが多いのですが，すでに結果の出ていることについて「ありそうもないことがありうる」場合にも使われます。
- 他会不会已经结婚了？（彼はすでに結婚しているのだろうか。）

この場合，多くなんらかのカタチがその意味の実現を助けています。
1) "怎么会"（～ということがありうるのか）のカタチで使われる
- 你怎么会那么忙？（あなたってどうしてそんなに忙しいの。）
- 你怎么会那么傻那么傻？（君はどうしてそんなにそんなにバカなんだ。）
- 你说，他怎么会跑了？（彼はなぜ逃げたと思う。）
- 刚才是好好的，他怎么会死？
　　（さっきは元気だったのに，彼が死ぬなんて。）

- 老师怎么会不认识字呢？（先生が字を知らないってことがあるだろうか。）
- 现在把弟弟扔在家里，荣荣怎么会放心呢？
  （今弟を家においてきて、ロンロンがどうして安心できるでしょうか。）

2）意外性を表す副詞"居然"が使われている
- 他居然会流眼泪，还说那句老话。
  （彼はなんと涙を流し、それにあのいつものセリフまで言った。）
- 这样的人居然会发脾气？（こんな人がかんしゃくをおこすなんて。）

3）"偶尔、有时候"など「偶然時」を表す副詞や時間詞が使われている
- 偶尔我还会跟那个记者见面。
  （わたしは今でもたまにその記者に会うことがある。）
- 他有时候会问我一些一语双关的话。
  （彼は時にわたしにどちらにも取れる質問をすることがある。）

4）"真没想到"のように意外性を表す動詞が前にくる。
- 真没想到你会说出这样的话来。
  （君がそんなことを言うなんて思ってもみなかった。）
- 她没有想到老头的眼睛会这么尖。
  （彼女は，老人の目がこれほど鋭いとは思ってもみなかった。）
- 没想到对于跨国婚姻竟会有那么多人不理解。（国際結婚に対し，こんなに多くの人が無理解なんて思ってもみなかった。）
- 我也没想到我会那么脆弱，一边说一边哭。（わたしも自分がこんなもろいなんて思ってもみなかった。わたしは話しながら泣いた。）
- 我是头一次见她发火，也没想到她会发火。（わたしは彼女が怒るのを初めてみた。彼女が怒るなんて思ってもみなかった。）
- 谁相信你会爱上一个工人的妹妹。
  （君が労働者の妹を好きになるなんて，誰が信じるだろうか。）

▶▶ 要 ◀◀

一種の趨勢（~ということになる）という"要"があります。意志（~したい）や必要（~しなければならない）で説明できなければ、この趨勢というのを考えるといいと思います。

- 不掌握现代科学技术，就要落后。
  （現代の科学技術をものにしなければ，取り残されてしまう。）

・人总是要死的。（人は必ず死ぬものだ。）

習慣的なことがらにも使われます。
・我的家乡一到冬天总是要下几场大雪。
　　（わたしの郷里では冬になるときまって何度か大雪がふります。）
・每天晚上我爸爸都要喝一点儿酒。
　　（毎晩父はお酒を少し飲むのを習慣にしています。）
・在街上骑自行车的和走路的人，经常要回头骂我们。（街で自転車に乗って
　　いる人や歩いている人はいつも振り返ってわたしたちを罵ります。）

比較文で「およその推量を表す場合」というのも，この趨勢の一つです。
・你的英语要比他好一些。／你的英语比他要好一些。
　　（君の英語は彼より少しいいだろう。）
・这是比生命还要宝贵的东西。
　　（これはおそらく命よりも貴重なものだろう。）
・我的身体比过去不知要好多少倍。
　　（わたしの体は昔よりどれだけよくなったことか。）
・我恐怕比那个女人还要极端。
　　（わたしはおそらくあの女よりも極端でしょう。）

(5) その他

　助動詞の代表的なものは以上ですが，以下のものも機能としては助動詞に近いものです。いくつか例をあげておきましょう。

▶▶ **好・容易**（〜しやすい）・**难**（〜しにくい）　　　◀◀
▶▶ **难得**（〜しがたい；めったに〜しない）・**够**（〜するに十分だ）◀◀
▶▶ **忍心**（〜するに忍びない）　　　　　　　　　　　　◀◀

・韩语好学吗？（韓国語は勉強しやすいですか。）
・爸爸说女人带着孩子不容易再婚。
　　（お父さんは女が子どもをつれていると再婚しにくいと言った。）
・住房问题暂时比较难解决。（住宅問題は当面解決するのは比較的難しい。）。
・我们难得有机会见面。（わたしたちはめったにしか会う機会がない。）
・家里粮食不够吃。（家の食料は食べるのに十分でなかった。）

・我怎么也不忍心在周末请她来。
　　（わたしはどうしても週末に彼女に来てもらうのに忍びがたかった。）

▶▶ **好意思・不好意思**（〜するのに具合がいい・気まずい）◀◀
・是我实在不好意思跟你开口。
　　（わたしは実際あなたと口をきくのがきまりが悪かった。）
・他这么热心，我也就不好意思推辞了。
　　（彼がこんなに熱心なので，わたしも断りにくくなった。）
"好意思"は以下のように反語に使われます。
・我怎么好意思再跟他借钱呢。（どうしておめおめ彼に借金できますか。）
・怎么好意思不去？（どうして行かないわけにいきますか。）

▶▶ **来得及・来不及**（〜する余裕がある・余裕がない）◀◀
・这件事我还没来得及跟我爱人说呢。（この件はまだ妻に話す余裕がない。）
・他连衣服都来不及脱就跳进河里去了。
　　（彼は服を脱ぐひまもなく川に飛び込んだ。）

▶▶ **舍得・舍不得**（惜しみなく〜する・〜するのが惜しい）◀◀
・习惯了，舍不得离开这儿呀。（慣れたら，ここを離れがたくなるよ。）
・就是那么平常的几条鱼，我妈还是舍不得吃。
　　（たとえあんなにふつうの何匹かの魚でさえ，母は食べるのを惜しんだ。）
・她自己也说，舍不得放下她的儿子。
　　（彼女は自分でも，息子をおいてくるのに忍びないと言った。）
肯定形の"舍得"の方はなかなか意味がつかみにくいものです。
・我买书舍得花钱。（わたしは本を買うのに金を惜しまない。）
　　　注　"舍得""舍不得"は名詞をとったり，単独でも使うことができます。
　　　　・我妈妈还舍不得我呢。（母はまだわたしを手離したがらない。）
　　　　・你来中国留学，你父母舍得吗？
　　　　　（あなたが中国に留学に来るのに，ご両親は淋しがりませんか。）

▶▶ **值得**（〜する価値がある）◀◀
・他的讲座很好，值得去听。（彼の講演はすばらしい。聞きに行く価値がある。）

▶▶ 配（〜の資格がある）◀◀
- 我不配穿这么好衣服。
  （わたしはこんな立派な服を着るのは似つかわしくない。）
- 我每天辛辛苦苦在外面挣钱，回来还得伺侯你，你配吗？　（わたしは毎日苦労して外でお金をかせいでいるのに，家に帰ってまだあなたの世話をしなければならないなんて，あなたにそんな資格があるの。）

4. 助動詞の連用

　助動詞は話者の主体的態度を表すことばですが，そのなかにも段階があって，〔D〕がもっとも顕著で，〔C〕〔B〕〔A〕となるにつれ，素材的な面が強くなります。助動詞は時に連用されることがありますが，この時も〔D〕→〔A〕の順に並び，〔D〕〔C〕では，その中のメンバーどうしが並ぶことがあります。以下では，その中でも比較的よく連用されるものについてあげておきます。

▶▶ 可能要・可能会 ◀◀
　どちらも〔D〕グループどうしの結合ですが，必ず"可能"が前に（外に）きます。"可能"のところであげた例を含めてみてみましょう。
- 明天可能要下雨。（明日はおそらく雨がふるでしょう。）
- 这个问题可能会很快就解决的。
  （この問題はおそらくすぐに解決するでしょう。）
- 那样可能我心里还会好受一些。
  （そうならわたしの心もいくぶんなごむでしょう。）
- 可能对别人也会有一些帮助。
  （おそらく他人に対してもいくらか助けになるでしょう。）

▶▶ 必须会・必须要・必须得 ◀◀
　"必须会"は〔C〕グループと〔A〕グループの組み合わせ。"必须要""必须得"は〔C〕グループどうしの組み合わせです。"必须"が必ず前にきています。

- 你必须会掌握会场。（君はうまく司会ができなくてはいけない。）
- 他说我必须要相信自己。
 （彼はわたしに自分自身を信じなければいけないと言った。）
- 我必须得走了。（わたしはもう行かなくてはならない。）

▶▶ 応該能・応該可以 ◀◀

- 这么通俗的书，你应该能懂。
 （こんなやさしい本は当然理解できなくてはいけない。）
- 名牌产品应该可以放心。（ブランド品なら安心なはずだ。）

一つ目の"应该"は「当然〜すべきだ」ですが，二つ目の"应该"は「〜のはずだ」の方です。したがって，〔C〕と〔A〕，〔D〕と〔A〕の組み合わせになります。

▶▶ 能愿意 ◀◀

この"能"は能力ではなく，可能性の方で，〔D〕と〔A〕の組み合わせになります。

- 这样做他能愿意吗？（こんなことをして彼はよろこぶだろうか。）

5. 助動詞と可能補語

動詞が補語を伴っているときに，助動詞を使うか，可能補語を使うかはなかなか難しい問題です。一般に相手の許可を求めたり，禁止したりするときは，可能補語は使えません。

{ 我可以进来吗？（入ってもいいですか。）
 *我进得来吗？

{ 你不能出去。（出ていってはいけない。）
 *你出不去。

能力や条件があってできるというときは，

- 我的话，你听得懂吗？／你能听懂吗？
 （わたしの話をあなたは聞いてわかりますか。）

・黒板上的字，你看得見吗？／你能看見吗？（黒板の字がみえますか。）

のように，どちらも使えますが，否定形には制約があって，

・他的話，我听不懂。／＊你不能听懂。

・黒板上的字，我看不見。／＊我不能看見。

ではどちらも助動詞で否定することができません。

一般に，動詞が補語を伴っているとき，

　　1) 肯定形では助動詞も可能補語もともに使えるが，

　　2) 否定形では，基本的にともに可能補語を使う。

と覚えておくといいでしょう。

　ただ，

　　3) 動詞＋補語の組み合わせが意志性をもっているときは，

・不能起来。（起きてはいけない。）

・不能帯走。（持っていってはいけない。）

のように，"不能～"は言えますが，意味は「～してはいけない」になります。これは，"起来""帯走"が意志的な動作だからです。これに対し，"听懂""看見"はどちらも意志的にも命令としても使えませんので，"不能"がつかないのです。

　以上は補語を伴っている場合です。伴っていない場合は，

・明天不能去。（明日は行くことができない。）

・这个不能吃。（これは食べることができない。）

のように，助動詞だけで，単純に可能の否定も表せますが，"不能"自身は「～してはいけない」にもなる可能性があることを覚えておいてください。

　また，補語をともなっていても，その前に修飾語があるときや，補語の部分が連動式になっているときは，"不能"を使うしかありません。

・"新闻节目你能听懂吗？""现在还不能都听懂。"（「ニュース番組をあなたは聞いて理解できますか。」「今はまだすべては聞いて理解できません。」）

・"这件事你能详细地写出来吗？""不能详细地写出来。"
　　（「この件をあなたは詳しく書けますか。」「詳しくは書けません。」）

・"星期日小刘能回来看电影吗？""不能回来看。"（「日曜日にリュウさんは映画を見に帰ってこれますか。」「見に帰ってはこれません。」）

可能補語専用の"～不了／得了"というのがあります。こういう場合，人によっても違いますが，口語では助動詞よりこの形式の方を多く使うという人もいます。たとえば，つぎの例。

{ 早上能起来吗？（朝起きられますか。）
{ 早上起得来吗？
{ 明天能去吗？（明日行けますか。）
{ 明天去得了吗？

また，どちらも使えるとき，次の例では，"听得懂"は外国語について，"能听懂"は人の話の内容がわかる，意味が理解できる場合だという人もいます。

{ 你听得懂吗？
{ 你能听懂吗？

"能"のところで，次のような例をあげておきました。

- 一想到只有我们俩能听懂，我还有点儿得意。（わたしたち二人だけが聞いてわかると思うと，わたしはいささか得意になった。）

これはことばの意味がわかるということでした。以下の例もそうした能力を表しています。

- 我焦灼地向她叫喊，用我久已不用的语言。只有我和她能听懂的语言。
 （わたしはいらいらしながら彼女に向かって叫びました。久しく使っていなかったことばを使って。それはわたしと彼女しか聞いてわからないことばでした。）
- 突然，它一闪一闪，像发报机一样发出了信息，只有我能听懂的信息。
 （突然，それは光を発し，送信機のように情報を送っていました。それはただわたしだけが聞いてわかる情報でした。）

中国語における文の接続（複文）

単文についてたくさん学んできましたが，より高度な力をつけるためには，いくつもの文を続けて言えることが必要になります。中国人はどのように文を続けて言っているのでしょう。この最後の章では，中級以上の学習者が注意しなければいけないものとして，
1. 主語に動詞句や文がくるもの
2. 接続語を使わない文の接続
3. 接続語を使った複文

についてお話します。なお，ここで接続語と呼んでいるものは，従来接続詞と呼ばれていたもの，接続機能をもったイディオム，副詞の類を総称して言っています。また，"因为""由于""为了"等，接続詞の中には同時に前置詞であるものが多く，両者の違いは文や動詞句をとるか名詞句をとるかという違いですので，ここでは特に区別なく使うことにします。

1. 主語に動詞句や文がくるもの

いくつもの文を続けるとき，時間の軸に沿って並べていく場合と，同じ時間軸上に平行に並べる場合があります。ここでは動詞句や文が主語にくる場合についてみておきましょう。いくつかのタイプがあります。

▶▶ 述語に形容詞や助動詞の類がくるもの ◀◀

・他办事挺认真。（彼は仕事がとても真面目だ。）
・说错了不要紧。（言い間違えても大丈夫です。）
・但是给孩子买计算机可不容易呀。（でも子どもにパソコンを買ってあげるのは簡単なことではありません。）
・"你干什么最快？""我折纸最快。"
　（「君は何をするのが一番速いの。」「折り紙が一番速いです。」）
・他们认为我找外国人会对我不好。（彼らはわたしが外国人を交際相手にするのは，わたしにとってよくないと思っている。）
・这样做很不应该的。（そうするのはまったくよくないことだ。）
・你说话要算数。（言ったことには責任を持たないといけない。）

・她吃东西很少，说话细声细气。
　　（彼女は食べる量も少なく，話し声もかぼそい。）
・我喝洋酒不习惯。（わたしは洋酒を飲むのは慣れていない。）

▶▶ 述語に"有"をともなった文がくるもの ◀◀
・我说这些没有别的意思。
　　（わたしがこう言うのには他意があるわけではない。）
・我们俩认识特别有缘分。
　　（わたしたち二人が知り合ったのにはとても縁がある。）
・我不离开北京还有一个原因。
　　（わたしが北京を離れないのにはもう一つ理由がある。）
・说服别人要有耐心。（人を説得するには根気が必要である。）
・上班戴表有什么用？（仕事に腕時計をしていってなんの役に立つの。）

▶▶ 主文に"是"（＋前置詞句）がくるもの ◀◀
・我生孩子是在北京的医院。
　　（わたしが子どもを産んだのは北京の病院です。）
・认识他是在一个下午。（彼と知り合ったのはある日の午後のことだった。）
・其实我的文章能发表都是因为他。
　　（実はわたしの文章が発表できたのはすべて彼のおかげなのです。）
・我们上一次见面是在他们的婚礼上。
　　（わたしたちが前回会ったのは，彼らの結婚式の席でだ。）
・真正认识丁力是什么人是在95年的冬天。（ティンリーがどんな人間であるかを真に知ったのは，95年の冬のことだった。）
・认识陈英是通过一个男同事。
　　（チェンインを知ったのは，ある男性の同僚を通してだった。）

中国語は立体的に組み立てていかないと理解できない言語ですが，その一つは以上述べたような点に現れています。実際の文ではもっと長い文がくることもあります。そういうものにも慣れていってください。

2. 接続語を使わない文の接続

　一般に中国語の話しことばではそれほど接続語を使うわけではありません。会話ですから，文脈がほぼわかります。使うのはむしろ文章語で，こちらは使わないと文と文との関係がわかりませんし，また，書きことばはおちついて文章を練ることができますので，複雑な文をつくることができるのです。
　わたしがつくる入門のテキスト類では,接続語の類をあまり出しません。今,そのいくつかをあげてみましょう。
　・有时间，再来玩儿吧。（暇があれば，また遊びに来て下さい。）
　・有话，慢慢儿说。（話があるなら，ゆっくり話してください。）
　・再闹，不跟你好了。
　　　（これ以上ひやかしたら，もうあなたと仲良くしてあげないわよ。）
　・发音很难，语法比较容易。（発音は難しいけれど，文法はかなり簡単だ。）
　・昨天很累，我躺下就睡着了。
　　　（昨日は疲れていたので，横になったらすぐ眠りに就いた。）
　・来中国，应该去一趟长城。
　　　（中国に来たのだから，一度は万里の長城に行くべきだ。）
　・她来玩儿，应该和你约定个时间。
　　　（彼女が遊びに来るなら，あなたと時間を決めるべきだ。）
かりに接続詞を補うとすると，つぎのようになります。
　・(要是)有时间，再来玩儿吧。
　・(要是)有话，慢慢儿说。
　・(要是)再闹，(我就)不跟你好了。
　・(虽然)发音很难，(但是)语法比较容易。
　・(因为)昨天很累，(所以)我躺下就睡着了。
　・(既然)来中国，应该去一趟长城。
　・(既然)她(要)来玩儿，应该和你约定个时间。
ただ，この中でも，
　・再闹，不跟你好了。
のように，接続の機能をもつ副詞"再"が使われているものがあります。長い文章の読解はそれなりにたいへんですが，カギとなる接続のことばがたくさん

配されています。会話文では話の場が意味をささえていますが，こうした接続の機能をもつ副詞等にも注意する必要があります。以下いくつかそうした機能をもつ語，構文についてみていきましょう。

▶▶ 何も使わないもの ◀◀

何も接続語がないものもたくさんあります。以下にあげたものは，条件，仮定等に読めるものです。

・你有事，先走吧。(用があるなら先に行って下さい。)
・下雨，我不出去。(雨が降るなら，わたしは出かけません。)
・僧多粥少。
　(僧が多いとおかゆが少ない。──→ 人が多いので，分け前が少ない。)
・吃饭得用筷子。(食事をするときは箸を使わないといけない。)
・上课注意听讲。(授業中は注意して話をきくように。)
・买票请排队。(切符を買うなら並んで下さい。)

▶▶ 不・没(有)～＋肯定形 ◀◀

前に否定形がきて後に肯定形や疑問形がくるタイプもあります。

・你不说我说。(君が言わないならわたしが言います。)
・我不干谁干？(わたしがやらなくて誰がやる。)
・这事不怪你怪谁？(この件は君が悪くなくて誰が悪いんだ。)
・不买东西干什么去？(買い物をしないのなら，何をしに行くの。)
・没事你别打扰她。(用がないなら，彼女のじゃまをしないように。)

▶▶ 不・没(有)～不～ ◀◀

否定形が呼応するというのはよくあります。この場合多くは前が条件，仮定になります。

・我不说不痛快呀。(ぼくは言わなければ，気持ちが晴れないよ。)
・衣服没有熨平不穿，鞋没有擦亮不穿。(服はアイロンをかけてないなら着ないし，靴もみがいてなければ履かない。)

成語，慣用句にはこのタイプが続出します。

・不打不成交。(喧嘩をしなければ，友達になれない。)
・不经一事，不长一智。(経験をしてこそ賢くなる。)

・不见不散。（会わなければ帰らない。——→会うまで待つ。）

単に並列の場合もあります。

・我从来不偷、不抢、不求人。（わたしは今までものを盗んだことも，奪ったことも，人にすがったこともない。）

▶▶ 〜也〜 ◀◀

"也"をうまく使うと，中国語らしい文の接続ができます。

・你不喝我也不喝了。（君が飲まないならぼくも飲まないことにする。）
・你不说我也知道。（君が言わなくてもわたしにはわかる。）
・打死我也不怨你。（わたしを殺しても君を恨まない。）

これは"打死"で切らず，"打死我"の後でポーズをおいてください。

・不想活也得活呀。（生きたくなくても生きなければいけない。）

単なる並列の場合もあります。

・我的表到点了，人家不让走也不能走。（わたしの時計は，時間がきても，帰らせてくれないし，帰るわけにもいかない。）

▶▶ 再〜（也・就）〜 ◀◀

"再"＋形容詞では，「いくら（どんなに）〜でも〜」と続きます。"再"を「また」とだけ訳さないようにしましょう。

・路再远也得去。（いくら道のりが遠くても行かなければならない。）
・再贵也得挣钱买。（いくら高くてもお金を稼いで買わなければならない。）
・钱再多也有花完的时候。
　　（お金はいくらたくさんあっても，使い終わるときがある。）

"再"＋動詞では，「これ以上〜すると／しても〜」と続きます。

・再喝我就回不去了。（これ以上飲んだらわたしは帰れなくなる。）
・再这么吵下去，也不会解决问题。
　　（これ以上騒ぎ立てても問題の解決にはならないでしょう。）

"再"の後に否定形がくることもあります。

・你再不好好用功，我就不管你了。
　　（君がこれ以上だらけているなら，わたしは君のことは放っておくぞ。）
・再不开枪就来不及了。
　　（これ以上銃を打つのをためらったら手おくれになる。）

▶▶ 〜又〜 ◀◀

「〜だけれど一方では〜」という表現です。"又"は「一方では」。

- 怕看又不能不看。(見るのがこわいけれど見ないわけにはいかない。)
- 又想吃魚又怕腥。(魚は食べたいけれど,生臭いのは嫌いだ。)

▶▶ 〜了〜 ◀◀

「〜すると〜だ」というふうに"〜了"が未来あるいは過去での実現,変化を表す場合です。

- 有了老婆忘了娘。(女房ができたら母親を忘れる。)
- 有了老婆就不寂寞了。
   (女房ができたらさびしくなくなる。／さびしくなくなった。)
- 我覚得我們有了孩子,別人就不能説什么了吧。(わたしは,子どもができたら他人は何も言えなくなるだろうと思った。)
- 你考上了,咱們一家人都高興。(あなたが合格したら家中大喜びだ。)

3. 接続語をつかった複文

接続語を使った複文を,(1)時間,(2)仮定・条件,(3)因果・理由,(4)追加・漸進,(5)選択,(6)逆説・反転,(7)目的の順でみていきます。

(1)時間

時間関係を表す複文には,①同時,②前後の関係を表すものがあります。

①同時
▶▶ 〜的時候 ◀◀

"〜的時候"(〜の[た]とき)は〈同時〉を表す基本的な接続語で,一見問題がないようですが,アスペクトとの関係からいえば,大きく三つの状態を表しています。

- 他来的时候，我正写作业呢。
    （彼が来たとき、わたしはちょうど宿題をしていた。）
- 我起床的时候，他已经不在了。
    （わたしが起きたとき、彼はもういなかった。）
- 我刚参加工作的时候，工资只有200多块钱。（わたしが就職したばかりのときは、給料はわずかに200元あまりだった。）

これらはどれも実現（完了）を表していて、「～したとき」と訳せます。

- 下次你去的时候，告诉我一声。
    （このつぎ行くとき、ひと声かけてください。）
- 你来的时候，一定要告诉我，我去接你。
    （来るときは、必ず声をかけてください。迎えにいきますから。）
- 我离开家乡的时候，老师嘱咐过我。
    （わたしが郷里を離れるとき、先生がわたしに言いつけました。）
- 87年我出国的时候，我妈居然拿出一笔在当时数目惊人的存款。（87年に国を出るとき、母はなんと当時としては驚くべき額の預金を出してきた。）

これらは未来を表していて、「～するとき」と訳せます。

- 我上学的时候，家里特别困难。
    （わたしが学校に通っていたころ、家はとりわけ困窮していました。）
- 我在澳洲的时候，我妹妹给我写过一封信。（わたしがオーストラリアにいたころ、妹はわたしに手紙を一通書いてきたことがある。）
- 看她的信的时候，我忍不住流泪。
    （彼女の手紙を読んでいたとき、わたしはたまらず涙がでた。）

これは、ある一定の間隔をもった期間を表していて、「していたとき」と訳せます。

　"～的（时候）"の前にくる動詞はハダカですが表すものが違うわけです。それが後の文の動詞とどういう関係にあるか気をつけておく必要があります。また、つぎの文では、"的时候"の前に"了"が省略されていることに気づかないと文意を誤ってしまいます。

- 他快到学校的时候，发现路边草里有一个纸包。（彼はもうすぐ学校につくというころ、道ばたの草むらの中に紙袋があるのを見つけた。）
- 他就要出国的时候，我们结婚了。
    （彼がまもなく出国するというときにわたしたちは結婚した。）

・快到11点的时候，他问我："他是谁？"（もうすぐ11時になろうというとき，彼がわたしに尋ねた。「その男は誰。」）

これらは，"快～了""就要～了"から"了"が落ちたものです。

"～的（时候）"の前には動詞句，文のほか，形容詞や一部の時を表す名詞もきます。

・其实，很小的时候，我从别人的眼神里也看到过一些很奇怪的东西。
　（実は幼いころ，わたしも他人の目の表情の中に不思議なものを見つけたことがあります。）
・其实，我很早的时候就开始注意她了。
　（実は，わたしは早い時期から彼女に注意をはらっていました。）
・她春节的时候就回来了，因为妈妈的病，一直没有离开。（彼女は春節のころ戻ってきて，母の病気のせいで，ずっとここを離れていません。）

なかには，つぎの下線部のように，"～的时候"がなくても，そういう関係を表す場合があります。

・我听人说在中国<u>请人喝茶或吃东西</u>，一定要请好几次，中国人才接受。
　（聞くところによれば，中国人は人をお茶や食事に誘うときは，必ず何回も声をかけ，それでやっと相手は承諾するそうだ。）

▶▶ (一)边～(一)边～ ◀◀

「～しながら～する」。同時並行の動作を表す基本的な構文です。

・我们一边做饭一边聊天儿。
　（わたしたちは食事を作りながら，おしゃべりをした。）
・我们一边听音乐一边复习功课。
　（わたしたちは音楽を聞きながら，復習をした。）
・我一边在这儿工作一边找别的工作。
　（わたしはここで仕事をしながら，別の仕事を探している。）
・我们边吃边说吧。（食べながら話をしましょう。）

これに対し，"V着V"は，「～しながら～する；ある状態で～する」ということで，前部分が後ろ部分を修飾しています。

・他笑着对我说。（彼はほほえみながらわたしに言った。）
・别蹲着吃饭。（しゃがんで食事をしてはいけない。）

②前後

▶▶ 先〜再〜・先〜然后〜・〜再〜・〜再说 ◀◀

動作の前後関係を表す基本的な構文です。
・先看看再说吧。(まず見てからにしましょう。)
・先洗手再吃饭吧。(まず手を洗ってからご飯を食べましょう。)
・先坐地铁，然后坐公共汽车。
　　(まず地下鉄に乗って、それからバスに乗ります。)
・你吃了饭再走吧。(ご飯を食べてから行ってはどうですか。)
・那，改天再说吧。(では、また日を改めて。)
・你快上车，上车再说。(早く車に乗れ、乗ってからだ。)
"〜再说"については以下の項を参照してください。

▶▶ 等(到)〜(再・才)〜 ◀◀

「〜してから〜」。動作の前後関係をあらわすのに常用される文型で、いくつかのタイプがあります。もっとも基本的な型は"等〜再〜"で、話しことばではこの型が常用されます。
・等雨停了再走吧。(雨がやんでから行ったらどうですか。)
・等干完了再休息吧。(仕事を終えてから休みましょう。)
・他想等毕了业再跟她结婚。
　　(彼は卒業したら彼女と結婚したいと思っている。)
・等火车到了西安再说吧。(列車が西安についてからにしましょう。)
・他的确老练，等秘书出去了才皱着眉头责备我。(彼はたしかに老練で、秘書が出ていってから眉をひそめてわたしを責めた。)

最後の例は"等〜才〜"となっています。

上で出てきた"再说"は「〜してから言う」という意味ではなく、「〜してからのことにしよう」ということで、
・那，改天再说吧。(では日を改めてまた。)
・那，明天再说吧。(では明日ということにしましょう。)
のようにも使います。

つぎの例は前後関係ではなく、"等"の後の動作が終わったときには、後の文の動作はすでに行われていたことを表しています。

・等我们赶到车站，车已经早开了。(わたしたちが急いで駅についたときには，列車はすでに出発していた。)

"等～"には，ほかに以下のような変種があります。

a) 等～的时候
・等他重新开始讲述的时候，我无论如何再也无法打断他了。
（彼がもう一度話し始めたときにはわたしはどうにもこうにももう彼の話を中断することができなくなっていた。）

b) 等到～
・等到儿子大了，我就让他学音乐。
（息子が大きくなったら，音楽を習わせるんだ。）

c) 等到～的时候
・如果等到生米做成熟饭的时候再告诉他就太晚了。(お米が炊きあがってから＝事がつまってから彼に言うのでは遅すぎる。)

▶▶ 一会儿・忽～一会儿・忽～ ◀◀

「～したかと思えば～する」。ある時間間隔をおいて異なる動作が行われる構文です。

・雪一会儿大一会儿小，整整下了一天一夜。
（雪は強く降ったり弱くなったりと，まるまる一晩降り続いた。）
・孩子们一会儿唱歌，一会儿跳舞，玩儿得很高兴。
（子どもたちは歌ったり踊ったりと，とても楽しく過ごした。）

イディオム化したものに，つぎのものがあります。

・她忽冷忽热。
（彼女は気分屋で，親切にふるまったかと思うと冷たいそぶりをする。）

▶▶ 以后・以前・之前 ◀◀

"以后"は前に文のほか時間を表すことばもきます。

・我们一个小时以后，来到了北京饭店。
（わたしたちは一時間後，北京飯店にやってきた。）
・日本的妇女结婚以后不工作吗？
（日本の女性は結婚したら働かないのですか。）
・我妹妹毕业以后去了法国，我们一直通信。(妹は卒業したあとフランスへ

行ったが，わたしたちはずっと連絡をとっている。）
- 你到了旧金山以后，给我来信吧。
  （サンフランシスコについたら手紙をくださいね。）

"以后"の前の動詞は"到"のように単音節では"了"が入ることがありますが，一般には"了"なしで使います。

次に"以前"の例をみましょう。
- 明天两点以前我给你打电话。（明日2時前に君に電話するよ。）
- 我出国以前，我妈带着我去买一些必须的东西。
  （出国する前に母はわたしをつれて必要な物を買いに行った。）
- 你回国以前，我们一定聚会一次。（君が帰国する前にきっと一度会おう。）
- 天亮以前，一定要完成任务。
  （夜が明ける前に任務を達成しなければいけない。）

日本語でも「～する前に」に対し「～しない前は」という言い方がありますが，中国語でも，つぎのような言い方が可能です。
- 没来日本之前，我对日本有一种看法。（日本に来ない前〔来る前〕，わたしは日本に対しある種の偏見をもっていた。）
- 可是许多事情在没有看到结果之前，我却总是不能完全地理解他。（しかし，多くの事は結果をみないうちは，わたしはいつも完全には彼を理解できていなかった。）

▶▶ その他 ◀◀

前後関係を表すものを，あといくつかあげておきましょう。

a) 直到～才～　「～になってやっと～」
- 她到车站送朋友，直到火车看不见了才离开站台。（彼女は駅へ友達を見送りに行って，列車がみえなくなってやっとホームを離れた。）

b) 都～才～　「～になってやっと～」
- 都九点了，你怎么才来？（もう9時だというのに，なんで今ごろきたの。）

c) 才～就～　「～なのにもう」
- 这个孩子才八岁就懂这么多事。
  （この子はまだ8歳なのにこんなにたくさんのことがわかっている。）

a) b) の"才"は「やっと」ですが，c) の例は「わずか」という意味です。

d) ～接着～　「～につづいて～」

・我说完了你再接着说。(わたしが話し終わったら，君は続けて話して。)
  e) 终于 「～してやっと；とうとう」
・经过几年的努力，哥哥终于考上了北京大学。
    (何年かの努力を経て，兄はやっと北京大学に合格した。)

(2)仮定・条件

接続語を使わないものについては，先に出しました。以下はなんらかの接続語を使うものです。

▶▶ ～就～ ◀◀

仮定・条件を表す最も基本的な接続語は"就"で，「～すると～」「～なら～」のような関係を表します。
・没有工作就没有收入，没有地方住。
    (仕事がなければ収入もなく，住むところもない。)
"就"がなくても，"没有工作"と"没有收入"の間に因果関係があることはわかりますが，あった方がよりはっきりします。
・没有共产党就没有新中国。(共産党がなければ，中華人民共和国はない。)
古いフレーズですが，今でも中国のテレビでメロディとともに流れるものです。
・吃不了就剩下吧。(食べられなければ残して下さい。)
・时间长了就习惯了。(時間がたつと慣れる[慣れました]。)
・你不要东西就拿钱吧，找不到房子可以住在这儿。(ものがいらなければお金を持っていったら。家がみつからなければここに住んでいいよ。)
前に代名詞がくるものもあります。ある状況を受けて以下のようになるということを表します。
・这样就不冷了。(こうすれば寒くなくなります。)
・那我就不客气了。(じゃあ遠慮なく。)
・那我就不打扰了。(じゃあ，おじゃましないことにします。)

> 注 "这样就"と"就这样"では意味がまったく違います。前者は，「このようであれば……」とつながるのですが，後者は，「ほかでもなくこうだ」ということで，
> ・就这样吧。
> といえば，「(ほかでもなく)こうしましょう」という意味になります。

"～就行了"（～すれば〔それで〕いい）という形でもよく用いられます。
- 你什么也别带，人来就行了。
  （何ももってくることはない。体ひとつで来ればいいよ。）
- 你不用自己去，打个电话就行了。
  （あなたが自ら行くことはない，電話をすればそれでけっこうです。）

▶▶ 早知道～就～ ◀◀

接続語としてあつかわれることはあまりありませんが，「～だと知っていたら」という意味で，これも使えると便利な構文です。
- 早知道这样，我就不说了。
  （そうだと知っていたら，わたしは言わなかったのに。）
- 早知道你来，我就让安力来陪你了。（あなたが来ると知っていたら，アンリーを来させてあなたの相手をさせたのに。）

▶▶ 要是～(的话),(就)～・如果～(的话),(就)～ ◀◀

仮定を表す代表的な構文です。まず"要是"から。
- 要是明天下雨，我就不去了。
  （もし明日雨が降ったら，わたしは行きません。）
- 他要是不来取，我就给他送去。
  （彼がもし取りに来ないなら，わたしが彼にとどけます。）
- 要是可能的话，我也想去。（もし可能なら，わたしも行きたい。）
- 要是没有特别的礼物，买点儿新鲜水果也可以。（もし特別なプレゼントがないなら，新鮮な果物を買ってもいいです。）

"要是～就好了"という呼応関係もみられます。
- 你要是能和我们一起去就好了。
  （あなたがわたしたちと一緒に行くことができればいいのですが。）
- 你要是我女朋友就好了。
  （あなたがわたしの彼女だったらいいのに。）

以下は"如果"の例です。
- 她如果还活着，也就有你这么大了。
  （彼女がまだ生きていたら，あなたくらいの年になっていたでしょう。）
- 我明白，如果让他知道了，我就彻底失去他了。（わたしには，もし彼に知

られたら，わたしが完全に彼を失ってしまうことがわかっていた。)

"要〜（得）〜"のように，意志を表す"要"が従属文にきて，同時に仮定を表す場合があります。

- 你要管管到底。
 (あなたはかまうなら，最後までかまわなければならない。)
- 要学好汉语就得下苦工夫。(中国語をマスターしようとするなら，しっかり努力しなければいけない。)

口語では"要"だけでも仮定を表せます。

- 你要有事儿，就来找我。(用があるなら，わたしのところへ来なさい。)
- 你要不提醒，我早就忘了。
 (君が注意してくれなかったらわたしは忘れているところだ。)

仮定・条件を表す構文で，"要是［如果］〜"の後に"会"をともなうものがかなりあります。

- 要是我们俩换一下，他是我，我是他，结果会怎么样呢？
 (もしわたしたち二人がいれかわって，彼がわたしで，わたしが彼だったら，その結果はどうなるでしょう。)
- 我知道，如果是我的妈妈，她也一定会这么做。(私にはわかっている。もしわたしの母だとしても，彼女はきっとそうするだろう。)
- 要是让她知道了女儿是这么不正常，她会着急的。(もし，彼女に娘がこんなにまともでないことを知らせたら，彼女は心配することでしょう。)
- 要是有一天我碰上一个好人，我会好好爱他。(いつかある日すてきな人に出会ったら，わたしはその人をしっかり愛するわ。)
- 要是我能有一个女儿，我也会像你说的那样教育她，帮助她。(もし，わたしに娘ができたら，わたしもあなたが言ったように娘を教え，助けるわ。)
- 如果那时候他说他娶我，我就一定会嫁给他。
 (もしあのころ，彼がわたしを嫁にしてやると言ったら，わたしはきっと彼に嫁いでいたでしょう。)
- 客人一般不会把菜吃完，要是那样的话，主人会很不好意思，觉得自己准备的菜不够。(お客さんはふつう食事を食べきらないものだ。もしそうだとしたら主人は自分の用意した料理が足りなかったのではないかと思い，気まずい思いをするだろう。)

最後の例では，最初の"会"は何も受けていません。

仮定・条件文に現れる"会"は，前になんらかの条件をともなって，「その結果〜ということになる」ということを表します。以下は，前に"要是〜"等をともなわないものです。。

・动动脑子，你肯定会有更好的主意。
　（少し頭を働かせれば，きっともっとよい考えが浮かぶでしょう。）

この文では前に動詞の重ね型が来て条件を表しています。

・总穿灰色制服,会给病人一种阴郁的感觉。（いつも灰色の服を着ていると，病人に暗いイメージを与えるでしょう。）

この文では"总"（いつも）という副詞がかかわっています。

・我不知道没有郑君我的生活会是什么样子。（わたしにはチョン君がいなかったらわたしの生活がどうなっているかわからない。）

この文では，前に否定の"没有"がきています。

・是不是我考不上大学就会要了我父母的命。
　（わたしが大学に受からなければ両親の命を奪ってしまうと言うの。）

この文も前に否定形がきています。

・有些话，我必须找一个人说出来，不然，我一辈子都会不安的。（誰かに言わなければならないこともある。そうでなかったら，わたしは一生気持ちが落ち着かないだろう。）

この文では，"不然〜会〜"と呼応しています。

▶▶ 疑問詞の呼応 ◀◀

疑問詞の呼応も一種の仮定,条件を表しています。これは初級レベルでも習っているでしょうから，いくつか例をあげるにとどめます。

・要什么给什么。（ほしい物をあげます。）
・你想吃什么就吃什么吧。（食べたい物を食べて下さい。）
・你能喝多少就喝多少吧。（飲めるだけ飲んで下さい。）
・谁知道谁就举手。（知っている人，手を挙げて。）
・你让我怎么办我就怎么办。（わたしはあなたがおっしゃるようにします。）

▶▶ 一〜（就）〜 ◀◀

"一〜（就）〜"は常用される重要構文の一つで「〜すると〜；〜するやいなや〜」という意味を表します。

- 你一看就明白。（あなたは見ればすぐわかります。）
- 她一有空就看书。（彼女は暇さえあれば本を読んでいる。）
- 他们一见面就吵架。（彼らは顔を合わせれば喧嘩をしている。）
- 天一冷我就懒得起床了。（寒くなると起きるのがおっくうになる。）
- 一到冬天总是要下几场大雪。（冬になると必ず何回か大雪が降る。）
- 一想到母亲，我怎么也下不了决心。
  （母親のことを思うと，どうしても決心が鈍る。）
- 一想到这些东西，我就觉得恶心，想吐。
  （その品物を思い出すと，わたしは気持ち悪くて吐きたくなる。）
- 他一看见那个本子，就知道我在欢迎他回家。（彼はそのノートをみると，わたしが彼の帰りを歓迎していることがわかるのだ。）
- 现在，我一提出门就头疼、害怕。
  （今は外出するというだけで頭が痛くて，怖くなる。）
- 你究竟害怕什么？为什么一提结婚你就那么紧张？（君は一体何を恐れているの。どうして結婚というとすぐにそんなに緊張するの。）

つぎの文は，"从～开始"と組合わさったものです。
- 我记得从我们一生病开始，我爸就开始卖东西。（わたしはわたしたちが病気になってから，お父さんがものを質に入れだしたのを覚えている。）

ところで，
- 我一看就知道是好姑娘。
  （わたしは一目見てすぐに良い娘さんだとわかった。）

のような文は，しばしば"知道"の部分の判断を表すことばなしで出てきますので，慣れないととまどってしまいます。
- 他一看是外国人就和我爱人吵了起来。（彼は一目見て外国人だとわかると，わたしの夫とけんかをはじめた。）
- 这回服务员拿来的还是一碗汤。他一看，还是汤，就又指了一下。
  （今回ウエイターがもってきたのも一杯のスープだった。彼は一目見て，やはりスープだったので，また〔メニューを〕指した。）
- 她说我送的礼物有新意，而且一看就是用心制作的。
  （彼女は，わたしがあげたプレゼントは新鮮味があり，しかも，一目見てそれは心をこめてつくったものだとわかると言った。）
- 我一听是王健的声音。（聞くとワンチェンの声だった。）

・一摸暖瓶是空的。（魔法瓶にさわったら空だった。）

"一～就～"の変種としてはつぎのようなものがあります。
a) 刚一～就～　～したばかりで～
・刚一出门，就看见他站在老地方。
　　（外に出ると，彼がいつものところに立っているのが見えた。）
b) 一说［提］起～　～というと～
・一说起北京，人们马上就想到了四合院。
　　（北京というと，人々はすぐ四合院を思い出す。）
"一"がなくて"说起"だけで出てくるものもありますが，表すことは同じです。
・说起水，不能不提到城市里的洗澡问题。
　　（水というと，市中の入浴問題にふれざるを得ない。）
・说起小张，没有人不夸她的。
　　（チャンさんというと，彼女をほめない人はいない。）

▶▶ 只要～就～ ◀◀

「～しさえすれば～」。最低条件を表す言い方です。
・只要一想起这句话，我心里就特别难受。
　　（このことばを思い出すだけで，わたしの心はとてもつらくなる。）
・只要和我在一起，他就什么也看不见。
　　（わたしといっしょにいさえすれば，彼はなにも目に入らない。）
"只要～就行了"というカタチもよく用いられます。
・你只要跟我说一声就行了。
　　（君はわたしに一声かけてくれればそれでいい。）
・只要你点头就行了。（君がうんと言いさえすればそれでいいんだ。）
・只要把它写得自然、生动就行了。
　　（それを自然に生き生きと書きさえすればいいのだ。）

> 注　「ただ～だけがほしい」という"只要"もありますから，混同しないようにしましょう。
> ・我只要一份儿三明治就可以了。
> 　　（わたしはただサンドイッチを一人前もらえればそれでいい。）

▶▶ 要不是～ ◀◀

「もし～がいなければ；もし～でなければ～」。仮定の文の一種ですが，日本人には理解しにくいものの一つです。

"要不是"の後に動詞句がくるときは，「もし～（～したの，～だったの）でなければ～」，後に名詞がくるときは，「もし～がいなければ」という日本語に対応します。"要不是"の後にくる動作は，すでに実現（実在）している動作です。たとえば，

・要不是我在场，她那小拳头就捶在小涛的身上了。（もしわたしがその場にいなければ，彼女はそのこぶしをタオくんに振り下ろしていただろう。）

という文では，「わたしはその場にいたのです」（"我在场"）。

・要不是你来，我不知道会怎么样了。
　　（もしあなたが来なければ，わたしはどうなっていたかわからない。）

という文でも，「あなたはその場にきています」。

・要不是生病，一辈子也别想吃你做的饭。（もし病気にならなければ，一生君の作った食事を食べようなんて思いもよらないことだ。）
・要不是他们在雪地里救了我，我早就冻死了。（もし彼らが雪の中でわたしを助けてくれなかったら，わたしはとっくに凍え死んでいたでしょう。）
・要不是你来找我，我就出去了。（あなたがわたしのところへ来てくれなければ，わたしは出かけていたでしょう。）
・要不是该睡觉了，我真想去看看。
　　（寝るべき時間でなかったら，わたしは本当に見に行きたかった。）
・要不是李大夫能好这么快吗？
　　（リー先生がいなければ，こんなに早くよくなっていたでしょうか。）

▶▶ 要不（然）◀◀

「もしそうでなければ；もしなんなら」。

・要不然，别人会笑话我的。
　　（そうでなければ，他人はわたしを笑いものにするでしょう。）
・要不（然）这样。（そうでないなら，こうしたら。）
・要不，我陪你去吧。（なんなら，ついていってあげましょうか。）
・家应该是一个可以放松的地方，要不怎么叫做家呢？（家というものはくつろげる場所でなくてはならない。そうでなければどうして家と呼べる

・大哥，你一定要回来一次，要不，你一辈子都会后悔的。
　　（お兄さん，あなたは必ず帰って来ないといけないわ。でなければ，あなたはきっと一生後悔するわよ。）
・反正他们天天吵架，要不就是我爸不回家。（どっちみち両親は毎日けんかをしていた。そうでなければ，父が家に帰らないかだ。）

この場合でも，2例は，あとに"会"が呼応しています。

▶▶ 就是・就算・即使～也～ ◀◀

「たとえ～でも～」というように，極端な条件をとりあげる言い方で，"就是～也～"と"就算～也～"が口語的な表現です。

　a）就是～也～
・就是下大雨我们也得去。
　　（たとえ大雨が降っても，わたしたちは行かなければならない。）
・就是那么平常的几条鱼，我妈也还是舍不得吃。
　　（たとえそんなにふつうの魚でも母はやはり食べるのを惜しんだ。）

「"就是再"＋形容詞」となるものもよく見られます。
・就是再便宜，我也不买。（たとえいくら安くても，わたしは買わない。）

　b）就算～也～
・就算我问她，她也不会告诉我的。（たとえわたしが彼女に尋ねても，彼女はわたしに教えてくれないだろう。）
・就算是偷来的幸福,我也必须要拥有它。（たとえ奪い取ってきた幸せでも，わたしはそれをかならず保持していきたい。）

◆参考◆まぎらわしい"就是"

"就是"は次のような意味でつかわれますので,特にここで問題にしている「たとえ～でも」の"就是"は見逃してしまいそうになります。気をつけましょう。
・这就是我家。（これがすなわちわたしの家です。）→ほかでもなく
・好是好，就是有点儿贵。
　　（いいことはいいですが，ただ，少し値段が高いですね。）→ただ
・就是再累，也得去。
　　（たとえいくら疲れていても，行かなくてはならない。）→たとえ
・不是下雪，就是下雨。（雪が降るか雨が降るかのどっちかだ。）→選択関係

c）即使～也～
- 即使有，我也不会给你。
  （たとえあったとしても，わたしはあなたにあげないだろう。）
- 即使再好的老师，也得重视学生的脑子。（たとえどんなによい教師だとしても，学生の能力を重視しないといけない。）
- 即使他离开我，我也不会太难过。（たとえ彼がわたしから離れても，わたしはそれほどつらくは思わないでしょう。）

▶▶ 哪怕～ ◀◀

「たとえ～でも」。"哪怕"は"即使"と意味はほぼ同じですが，口語的な色彩の強いことばです。
- 哪怕再远，我也要去。（たとえ遠くても，わたしは行きたい。）
- 哪怕刮风、下雨，她也要来。
  （たとえ風が吹き雨が降っても彼女は来るだろう。）

"哪怕"が後にくることもあります。
- 我一定要把文章写好，哪怕今晚不睡觉。
  （たとえ今夜寝なくても，わたしはきっとこの文章を書きあげる。）
- 下午没有课的时候，我们一定去图书馆，哪怕是看杂志。（午後授業のないとき，わたしたちは必ず図書館に行った。たとえ雑誌を読むにしても。）

▶▶ 只有～(才)～ ◀◀

「～してはじめて～」。"才"と呼応するところがポイントです。
- 只有努力学习才能取得好成绩。
  （努力して勉強してはじめて良い成績がとれる。）
- 那样的男人只有在小说里才有。
  （そんな男は小説の中だけに存在するだけだ。）
- 只有这样才能签到生意。（このようにしてはじめて仕事が取れる。）
- 我认为只有适当地保持距离，婚姻才有可能稳定。
  （わたしは適当な距離を保ってこそ，結婚生活は安定するのだと思う。）

以下の"只有～才"はカタチは似ていますので，この構文にいれる本もありますが，後に"他"や"她的话""行家"のような名詞句がきていますので，別のものとみるべきです。

・只有他才会说出这种话。(彼だけがそのようなことを言うのだ。)
・只有他的话，她才能听进去。(彼のことばだけを，彼女は聞き入れる。)
・只有他了解我的处境，只有他会保护我。
　　(彼だけがわたしの境遇を理解してくれるし，わたしを守ってくれる。)
・这是仿造的很好的古画，只有行家才能看得出来。(これは模写した素晴らしい古い絵で，ただ専門家だけにそのことがわかる。)
　　　注　"只要～就～"との違いに注意。"只有"は"才"と呼応しています。

▶▶ 不管・无论～，都・也～ ◀◀

"不管"は話しことば，"无论"は書きことばという違いがありますが，用法はほぼ同じです。
　後に来るのは主につぎの三つのパターンです。
　a) 疑問詞がある場合。すべてを含む表現になります。
・不管别人说什么，我都不在乎。(人が何を言おうとわたしは気にしない。)
・不管怎么说，我是个党员呀！(どうあれ，わしは党員だからな。)
・我妈跟我说，不管是干什么，都要争取做到最好。(母はわたしに言った。
　　何をするにも一番になるよう努力しなくてはいけないと。)
・无论如何，你也不能去。(どうあっても，君は行ってはいけない。)
・她说无论发生什么事情她都会和我保持联系。(彼女はどんなことが起こっても，わたしと連絡をとり続けると言った。)
　b) 後ろに選択関係の文がくる場合。「どの場合にかかわらず」という意味になります。
・不管是好还是坏，每个人都有自己的生活习惯。
　　(善かれ悪しかれ，みんなそれぞれ自分の生活習慣を持っている。)
・无论冬天，夏天，他都洗冷水浴。
　　(冬であろうと夏であろうと，彼はつねに冷水浴をする。)
・不管认识不认识，见到谁都打招呼。
　　(知っていようがいまいが，出会った人にはあいさつをする。)
　c) 後ろに"多(么)"がくる場合。「どんなに～でも」という意味になります。
・不管困难有多大，我们都能克服。
　　(どんなに困難が大きくとも，わたしたちは克服できる。)
・不管他多么要强，爸爸不点头，他一辈子是个拉车的。(彼がどんなに頑張

り屋でも，父が首をたてにふらなければ，彼は一生人力車夫だ。）
- 无论我们多么清楚地说明我们的理由，有多少陌生人会理解我们？
  （我々がどんなにはっきりと自分たちの理由を説明しようと，どれだけ見知らぬ人が我々を理解してくれるだろうか。）

▶▶ 除非～才～ ◀◀

「～でないかぎり～しない」。日本人には理解しにくい構文です。「～してはじめて～する」と理解してもいいでしょう。
- 除非你去，我才去。（あなたが行かないかぎり，わたしは行かない。）
- 除非有十分重要的事，他才会请假。
  （とても大事な用がないかぎり彼は休みをとらない。）

"除非～，否则[不然]～" "除非～才～，否则～" となることもあります。
- 除非你离开这儿，否则你一定要挨打！
  （ここを離れない限り，きっと殴られるよ。）
- 除非没赶上班车，不然他怎么会迟到？（定時運行のバスに乗れなかったんだ，そうでなければ彼が遅刻するはずがない。）
- 除非你去，他才去，否则，他不会去。
  （あなたが行ってこそ彼が行く。そうでなければ彼は行かないでしょう。）

また，以下のように，"除非"が後文に来ることもあります。
- 要想知道梨子的滋味，除非亲口尝一尝。
  （もし梨の味を知りたければ，自ら食べてみるしかない。）

(3)因果・理由

▶▶ 因为～所以～ ◀◀

原因・理由とその結果を述べる基本的な構文で，"因为"だけ，あるいは"所以"だけで使われることもあります。
- 因为昨天下雨，所以我没有出去。
  （昨日は雨が降ったので，わたしは出かけませんでした。）
- 因为妈妈的病，妹妹一直没有离开北京。
  （お母さんの病気のため，妹はずっと北京を離れていない。）
- 这里气候凉爽，风景优美，所以夏天游人很多。

（ここは気候が涼しく風光優美だから，夏は旅行客でにぎわう。）

次の例はかなり口語的な言い方です。
- "她昨天骑车摔了一跤。""所以呀！我早就说过她年纪大了，不要再骑车了。"
  （「彼女は昨日自転車に乗っていてころんだらしい。」「言わないこっちゃない。前から年なんだからもう自転車に乗ってはいけないと言ってあったのに。」）

"因为"はつぎのように，"才"と呼応するときがあります。
- 我因为不懂才来向你请教。
  （わたしはわからないからあなたに教えを請いに来たのです。）
- 我就是因为没有一个这样的母亲才走到今天的。
  （わたしはこのような母親がいなかったので今日のようになったのだ。）

"因为"の前に否定形があるとき，この否定形は最後までかかることに注意してください。
- 你不能因为自己，而毁了她的一生。
  （君は自分のために彼女の一生をだめにしてはいけない。）

"不能"は"因为自己，而毁了她的一生"全体にかかっています。
- 我没有因为失去亲人而失去成为一个有用的人的机会。（わたしは身内を失ったからと言って，役に立つ人になる機会を失いはしなかった。）

これも"没有"は"因为失去亲人而失去成为一个有用的人的机会"にかかっています。

▶▶ 〜之所以〜是因为〜 ◀◀

「〜が〜なのは〜だからだ」。現代語の"所以"は，前をうけて，「それで；だから」という意味で使います。しかし，この"所以"は「〜の〜たるゆえんは〜」という古文の用法からきています。
- 我们之所以在一起，是因为我们相爱。（わたしたちがいっしょにいるわけは，わたしたちがお互い愛しあっているからだ。）
- 我之所以选择她不是因为她是中国人。
  （わたしが彼女を選んだのは，彼女が中国人だったからではない。）
- 他们之所以迟到了，是半路上汽车坏了。
  （彼が遅刻したのは途中で車が故障したからだ。）
- 经营小店之所以成功，正是因为当时我已经没了退路。（小さな店の経営に

成功したのは,まさにその時わたしはすでに退路を断っていたからだ。)

▶▶ 由于～ ◀◀

「～なので～」。"由于～"は"因为"と意味は似ていますが文章語です。後に呼応する語を伴わず使うことも多くみられます。

・由于得了气管炎,大夫让小李戒烟。
 (気管支炎を患ったので,医者はリーくんに禁煙するよう言った。)
・我怀孕期间由于需要营养,经常去买水果。(妊娠しているときは栄養補給が必要なので,よく果物を買いに行った。)
・由于工作关系,他要出席很多宴会。
 (仕事の関係で彼は多くのパーティーに出席しなければならない。)

▶▶ 既然～(就)～ ◀◀

「～である以上;～であるからには」。"既"の「すでに」という訓にとらわれていると意味を間違ってしまいます。すでに存在する事実を踏まえた主観的な表現です。つぎの例を比べてください。

{ 因为他不同意,我只好留下来。
 (彼が反対したので,わたしは残るしかなかった。)
 既然他不同意,我只好留下来。
 (彼が反対した以上,わたしは残るしかなかった。)

前者は,客観的に淡々と述べているのに対し,後者は「しかたがないなあ」という語気が含まれています。さらに例をみてみましょう。

・你既然要回去,那我也就不留你了。
 (君が帰りたいのなら,ぼくはもう引き留めはしません。)
・她既然来了,我们就让她也去算了。
 (彼女が来たのなら,彼女にも行ってもらえばいいことだ。)
・你们既然来了,我把该说的话都说清楚。
 (君たちが来た以上,わたしは話すべきことをすべてはっきり言おう。)
・东西既然丢了,着急又有什么用呢?
 (ものをなくしたのなら,気をもんだってどうしようもないでしょう。)

▶▶ 怪不得 ◀◀

「～なのも当然だ；道理で～なわけだ」。単独で"怪不得"とも言えます。これも理由を述べる構文の一つと考えていいでしょう。

- ・外边儿下雪了，怪不得这么冷。
    （外は雪が降ってきた，道理でこんなに寒いわけだ。）
- ・他在北京待了十年，怪不得汉语说得这么好。
    （彼は北京に10年もいたのだ。中国語がこんなにうまいのも当然だ。）
- ・空调坏了，怪不得这么热。
    （エアコンがこわれた，こんなに暑いのも当然だ。）

(4)追加・漸進

▶▶ 越～越～ ◀◀

「～すればするほど～だ」。"越～越～"の間には，動詞，形容詞がきます。

- ・这雨越下越大了。（この雨は降れば降るほどひどくなってきた。）
- ・我越听越喜欢听。（わたしは聞けば聞くほど好きになってくる。）
- ・东西越多越好。（ものは多ければ多いほどいい。）
- ・真是越急越慢。（本当に焦れば焦るほど遅くなる。）
- ・越是我爱的人，我越是不能对不起他。（わたしが愛する人であればあるほど，彼には申し訳ないではすまされない。）

▶▶ 越来越～ ◀◀

「ますます～だ」。"越来越～"全体で，「ますます～だ」という意味を表します。

- ・天气越来越冷了。（気候はだんだん寒くなってきた。）
- ・她长得越来越像她妈妈了。（彼女はだんだんお母さんに似てきた。）
- ・现在他们越来越喜欢他。（今彼らはますます彼を好きになってきている。）
- ・他的中文越来越好。（彼の中国語はますますうまくなってきている。）
- ・以后你会越来越漂亮。（今後あなたはますますきれいになるでしょう。）
- ・我爱人的厂子越来越不景气。
    （わたしの主人の工場はだんだん不景気になってきた。）

    注 つぎの言い方もこの類例です。
    ・我们的生活一天比一天好。

(わたしたちの生活は日増しによくなってきた。)
・结婚以后，他<u>一天比一天</u>胖了。(結婚後彼は日増しに太ってきた。)

▶▶ 除了～(以外)，～(还)～ ◀◀

「～のほかは～だ」。"除了"には，「～以外はすべて～だ」という〈除去〉の意味の場合と，「～以外に～だ」という〈添加〉を表す場合があります。まず，〈除去〉の例。

・除了他，谁都不愿意去。(彼以外だれも行きたがらない。)
・除了这个以外，没有别的办法。(この方法以外に他に方法はない。)
・我除了爱情什么也不要，他只要有地位就可以不要爱情。
　(わたしは愛以外には何もいらないけれど，彼は地位さえあれば愛はいらなくていい。)

以下は，〈添加〉の例です。

・这个房间，除了我，还住着一个美国人。
　(この部屋はわたし以外にアメリカ人が一人住んでいる。)
・除了要有好成绩之外还必须要有门路。
　(立派な成績が必要なだけでなく，コネもなくてはならない。)
・礼物除了送给本人以外，还可以送给朋友家的老人和孩子。(プレゼントは本人にあげる以外に友達の家のお年寄りや子どもにあげてもいい。)

▶▶ 而且 ◀◀

「しかも」。硬そうなことばですが，これもよく使います。

・雨停了，而且风也渐渐停了下来。
　(雨はやんだ。それに風もだんだんとやんできた。)
・她不仅知道那件事，而且比我知道得更详细。(彼女はこのことを知っているだけではなく，しかもわたしよりもっと詳しく知っている。)

▶▶ 甚至～ ◀◀

「～ということさえある」。「はなはだしきは」と訓読せず，訳を工夫しましょう。

・他一有空就看书，甚至连饭都忘了吃。
　(彼は暇があれば本を読み，ご飯を食べるのを忘れることもある。)

・这首歌，小孩儿、大人、甚至七八十岁老人都喜欢。
 （この歌は子ども，大人だけでなく70，80歳の老人も好きだ。）
・老张胖得可厉害了，甚至老朋友见了都不能一下子认出他来。
 （チャンさんの太り方はほんとに並でない。昔からの友人でさえ会ってもすぐにはわからないほどだ。）
・他开车的动作很熟练，甚至可以说是漂亮。
 （彼の運転技術は慣れたもので，ほれぼれさえする）

▶▶ 不但・不仅～，～而且・还・也・又・反而～ ◀◀

「～だけでなく～も～」。これは後にさまざまな語が来て呼応します。
・他不但歌唱得好，舞跳得也不错。
 （彼は歌がうまいだけでなく，踊りもなかなかのものだ。）
・白果不但可以吃，还可以用来做药。（銀杏は食べることができるだけでなく，それを使って薬をつくることもできる。）
・她不但是我的朋友而且是我的老师。
 （彼女はわたしの友人であるだけでなく，わたしの先生でもある。）
・他不但不肯，反而劝我也洗冷水浴。
 （彼は承知しないどころか，逆にわたしにも冷水浴をするよう勧めた。）
・他现在不但不能走路，就是说话也很困难。
 （彼は現在歩けないだけでなく，話をすることも困難だ。）

▶▶ 别说～，即使・就是・连～也～ ◀◀

「～はおろか～も～」。"别说"を，「～言うな」ととらないようにしましょう。「～はもちろんのこと，～でも～」というふうに，より極端なケースがその後にきます。

◆比較◆ "别看"と"别说"

"别看"は"别说"と似ていますが，単に「～だけれども」という意味です。
・别看他头发白了不少，年纪可并不老。
 （彼の髪の毛はずいぶん白くなったが，年はそれほどとっていない。）
・别看我们家穷，可是我和我弟弟每年春节都有新衣服穿。（わたしたちの家は貧乏だが，わたしと弟は毎年旧正月には着る服を新調してもらった。）

- 儿童故事片，别说小孩儿喜欢看，即使成年人也很喜欢。
  （児童映画は子どもに好まれるだけでなく，大人たちさえも好きだ。）
- 别说下大雨，即使下刀子，我也要去。
  （たとえ大雨が降っても，刀が降ってもわたしは行く。）
- 别说是爬山，就是在城里逛商店，皮鞋也远不如运动鞋舒服、适用。
  （山登りはおろか，街でウインドーショッピングをするときでも，革靴は運動靴の快適さにはかなわない。）

"别说"のかわりに"不用说"がもちいられることもあります。
- 我在旁边静静地看，不用说参与，就是这么旁观，也是满吸引人的。
  （わたしは側で静かに見ていた。加わればもちろん，こんなふうに端から見ていても，充分魅力のあるものだ。）

▶▶ 〜尚且〜，何况〜 ◀◀

文章語的な言いまわしで，「〜ですら〜なのに，〜はもちろんだ」という意味を表します。
- 大人尚且受不了，何况孩子？
  （大人でさえ耐えられないのに，ましてや子どもはそうだ。）
- 他尚且搬不动，何况你我！
  （彼ですら運べないのだから，ましてや君やぼくにはなおさらだ。）

(5) 選択

▶▶ 〜还是〜・〜或者〜 ◀◀

両者の大きな違いは，"还是"が疑問文をつくるのに対し，"或者"は疑問文をつくらないことです。また，"或者"は選択する語の間にはいりますが，"还是"は基本的には動詞ごとくりかえし，動詞を省略することもできます。以下の例を比べてみてください。

- 今天去还是明天去？（今日行きますか，それとも明日行きますか。）
- 今天或者明天去。（今日か明日行く。）
- 你去还是我去？（あなたが行きますか，それともわたしが行きますか。）
- 你或者我去。（あなたかわたしのどちらかが行く。）
- 你喝茶还是（喝）咖啡？（お茶にしますか，コーヒーにしますか。）

・你现在吃，还是一会儿吃？（今食べる，それとも後で食べる。）

ただし，"还是"が"不管"の後に来るときは疑問になりません。

・不管你将来是学理还是学文，都应该打好中文的文化基础。
（あなたが将来理系に進むにしろ，文系に進むにしろ，まずしっかりと中国語の基礎を固めておかなくてはならない。）

▶▶ 不是～而是～ ◀◀

「～でなくて～だ」という，とてもわかりやすい表現です。

・我不是不想买，而是买不起。
（わたしは買いたくないのではなくて，買う経済的余裕がないのです。）
・我不是不愿意去，而是实在没有时间。
（わたしは行きたくないのではなくて，本当に時間がないのです。）
・我一直哭，倒不是因为后悔，而是因为我觉得我实在太笨了。
（わたしはずっと泣いていた。それは後悔しているからというより，わたしが本当にバカだと思ったからだ）

▶▶ 不是～就是～ ◀◀

「～か～のどちらかだ」（二者択一）。日本人がひっかかるものの一つです。まれに，

・这个上帝不是别人，就是全中国的人民群众。（毛泽东）
（この上帝というのは他の誰でもない，全中国の人民大衆である。）

のように，「～ではなく，～だ」という例もありますが，大部分は「二者択一関係」と思っていいでしょう。

・马路上，不是汽车，就是人。（道路は車か人がいるだけだ。）
・她不是疯了，就是故意开玩笑。
（彼女は頭が狂ったのでなければ，わざと冗談を言っているのだ。）
・星期天我不是洗衣服就是做饭，总忙个不停。（日曜日わたしは洗濯をするかご飯をつくるかで，いつもてんてこまいだ。）
・不是东风压倒西风，就是西风压倒东风。（毛泽东）
（東風が西風を圧倒するか，西風が東風を圧倒するかのどちらかだ。）

つぎの項であげる，
　　要么～要么～

との違いは，"要么～要么～"が意志を表す文に使えるのに対し，"不是～就是～"は，客観的な事実の選択関係を述べるにすぎないということです。

▶▶ 要么～要么～ ◀◀

「～か～のどちらかだ」。
- 要么去看电影，要么去逛商店，你决定吧。（映画を見に行くかウインドーショッピングをするか，あなたが決めなさい。）
- 要么你来，要么我去，反正咱们今天必须见一次面。（あなたが来るか，わたしが行くか，どっちみち，わたしたち今日一度は顔を合わせなくては。）

▶▶ 与其～不如・宁可～ ◀◀

「～するよりは～したほうがましだ」。漢文訓読でも出てくる文型です。分解せずにこのままで覚えましょう。
- 我一直哭。可是与其说我是因为伤心，不如说是因为害怕。
  （わたしはずっと泣いていた。しかし，それはわたしが悲しかったからというより，おそろしかったからであった。）
- 与其在这儿傻等车，宁可走着回去。
  （ここでぼおっと待っているより，むしろ歩いて帰ったほうがいい。）

▶▶ 宁可～也～ ◀◀

「～するとも～する」。これも漢文訓読のようです。「むしろ～であるとも，～したほうがいい」という意味です。
- 宁可自己吃点亏，也要帮助别人。
  （自分がいくらか損をしても人を助けなくてはならない。）
- 当父母的，宁可自己挨饿，也要让孩子们吃饱。（親というものは，自分自身がひもじい思いをしても，子どもたちに腹一杯食べさせるものだ。）

(6)逆説・反転

▶▶ 虽然・尽管～但是・可是・却・然而～ ◀◀

「～だけれど～」。"虽然"よりも"尽管"の方が文章語的です。
- 这里的生活虽然很紧张，但是很愉快。

(ここの生活はきついが，とてもたのしい。)
- 他虽然很努力，但是没考上大学。
   (彼はとても頑張ったが，大学に受からなかった。)
- 她虽然没留过学，但是汉语讲得非常好。
   (彼女は留学をしたことはないが，中国語はとても上手だ。)
- 虽然我失去了亲生父母，但是我因此得到了世界上最好的爸爸、妈妈。
   (わたしは自分を産んでくれた両親を亡くしたけれど，わたしはそのことで世界で一番の両親を得た。)
- 尽管他嘴上不说，然而心里是很高兴的。
   (彼は口では言わないが，心の中ではとてもよろこんでいる。)
- 这里的条件尽管不太好，但是每一个人都对我很热情。
   (ここの条件はあまりよくないが，誰もがわたしにとって親切だ。)

> 注 "尽管"には「いくらでも」という副詞の用法がありますから，混同しないようにしましょう。また，"尽管"と"不管"とを区別するようにしましょう。
> - 有话尽管说。(話があるなら遠慮なく話して。)
> - 不管困难怎么多，我们都要想办法克服。(困難がどんなに多くても，わたしたちは何とかして克服しなくてはいけない。)

▶▶ ～是～，但是・可是・就是・不过～ ◀◀

「～は～だが，しかし～」。譲歩関係を表す基本的な構文で，"～是～"の前後には形容詞のほか，動詞句，助動詞句等がきます。
- 好是好，就是有点儿贵。(いいことはいいが，ただ少し値段が高い。)
- 我们忙是忙，但是尽量一块儿吃晚饭。(わたしたちは忙しいことは忙しいが，できるだけいっしょに食事をするようにしている。)
- 英语我会说是会说，但是说得不太好。
   (英語は話せることは話せますが，あまりうまくは話せません。)
- 文章写是写了，可是不一定合乎要求。(文章は書くことは書きましたが，要求に合致しているとは限りません。)
- 明天我来是来，不过要晚一点儿。
   (明日わたしは来ることは来ますが，少し遅くなります。)
- 我去是去了，不过没见到他。
   (行くことは行きましたが，彼には会えませんでした。)

(7)目的

目的を表す接続語には,積極的に「〜するために」というものと,「〜しないでいいように」という消極的な目的を表すものがあります。

①積極目的
▶▶ **为・为了〜** ◀◀

「〜するために」。目的を表す表現ですが,理由を表す場合もあります。これは中国語では本来理由と目的が未分化だったからです。
- 为了学习汉语,我来到中国。
  (中国語を学ぶためにわたしは中国にやって来ました。)
- 为了您和他人的幸福,请注意交通安全。
  (あなたとみんなの幸せのために交通安全に気をつけましょう。)
- 这并不是为了别的什么,只是想给自己留下一个纪念。(これは別にほかの何かのためではない。ただ,自分自身に一つ記念を残しておきたかったからだ。)

"为了〜"が述語に用いられることもあります。
- 这都是为了你。(これはすべて君のためだ。)

つぎの例は原因を表すものです。
- 从那时候开始我妈就经常为了一点儿小事打我和我弟弟。(そのころから,母はいつもちょっとしたことでわたしや弟を殴るようになった。)

②消極目的
▶▶ **〜好〜** ◀◀

「〜するのに都合のいいように」。消極的に目的を表す言い方です。
- 你留个电话,有事好联系。
  (用があったら連絡できるように,電話番号を書いておいて下さい。)
- 带上雨衣吧,下雨好用。
  (雨が降ってもいいように,雨具を持って行きなさい。)

▶▶ 免得～ ◀◀

「～するといけないから；～しないように」。
- 你最好给家里打电话，免得你妈妈不放心。(あなたのお母さんが心配するといけないから，家に電話をかけた方がいいですよ。)
- 我平时把要买的东西写在纸上，免得忘了。
  (忘れるといけないから，いつも買う物を紙にメモしている。)

▶▶ 省得～ ◀◀

「～しないですむように；～する手間が省ける」。
- 先打个电话问一下，省得白跑。
  (無駄足にならないように先に電話してたずねて下さい。)

［著者紹介］

荒川清秀（あらかわ　きよひで）

大阪府出身。1977年大阪市立大学大学院満期退学。現在，愛知大学地域政策学部教授。1990年以来NHKラジオ，テレビ中国語講座の講師を数回勤める。博士（文学）。専門は日中対照研究，近代の日中語彙交流。編著書：『動詞を中心にした中国語文法論文集』（白帝社2015），『中国語を歩く』パート1～3（東方書店2009～2018），『体験的中国語の学び方』（同学社2009），『東方中国語辞典』（東方書店2004）など。

一歩すすんだ中国語文法

Ⓒ荒川清秀　2003　　　　　　　　　NDC825／256p／21cm

初版第1刷 ──── 2003年5月20日
　第9刷 ──── 2018年9月1日

著者	荒川清秀（あらかわきよひで）
発行者	鈴木一行
発行所	株式会社　大修館書店
	〒113-8541　東京都文京区湯島2-1-1
	電話03-3868-2651（販売部）　03-3868-2290（編集部）
	振替00190-7-40504
	［出版情報］https://www.taishukan.co.jp
装丁	井村治樹
印刷所	壮光舎印刷
製本所	ブロケード

ISBN978-4-469-23226-4　　Printed in Japan

Ⓡ本書のコピー，スキャン，デジタル化等の無断複製は著作権法上での例外を除き禁じられています。本書を代行業者等の第三者に依頼してスキャンやデジタル化することは，たとえ個人や家庭内での利用であっても著作権法上認められておりません。

中国関係出版物案内

中国語教室 Q & A 101
相原茂・荒川清秀・喜多山幸子・玄宜青・佐藤進・楊凱栄 著

四六判・250頁
本体 2,200円

新版 中国語入門 Q & A 101
相原茂・木村英樹・杉村博文・中川正之 著

四六判・234頁
本体 2,200円

中国語学習 Q & A 101
相原茂・木村英樹・杉村博文・中川正之 著

四六判・250頁
本体 1,800円

中国語 基礎知識――まるごとわかるこの1冊
中国語友の会 編

B5判・152頁
本体 1,700円

ネイティブ中国語――補語例解
陳文芷・陸世光 主編

A5判・376頁
本体 2,600円

中国語学習ハンドブック〔改訂版〕
相原 茂 編著

A5判・338頁
本体 2,200円

中国語基本語ノート
輿水 優 著

B6判・330頁
本体 2,200円

続 中国語基本語ノート
輿水 優 著

B6判・530頁
本体 3,600円

新訂 中国語概論
藤堂明保・相原 茂 著

A5判・346頁
本体 2,800円

中国の諸言語
S.R.ラムゼイ著／高田時雄・阿辻哲次他訳

A5判・434頁
本体 5,000円

大修館書店

定価＝本体＋税